KB067220

─────────────── 님의 소중한 미래를 위해
이 책을 드립니다.

10 일 만에 마스터하는

공무원
영문법

10 일 만에 마스터하는

공무원 영문법

정승익 지음

메이트북스

메이트북스   우리는 책이 독자를 위한 것임을 잊지 않는다.
우리는 독자의 꿈을 사랑하고,
그 꿈이 실현될 수 있는 도구를 세상에 내놓는다.

10일 만에 마스터하는
공무원 영문법

초판 1쇄 발행   2018년 8월 1일 ┃ 지은이   정승익
펴낸곳   ㈜원앤원콘텐츠그룹 ┃ 펴낸이   강현규·정영훈
책임편집   이수민 ┃ 편집   최미임·안미성·이가진·김슬미
디자인   최정아 ┃ 마케팅   한성호·김윤성 ┃ 홍보   이선미·정채훈
등록번호   제301-2006-001호 ┃ 등록일자   2013년 5월 24일
주소   06132 서울시 강남구 논현로 507 성지하이츠빌 3차 1307호
전화   (02)2234-7117 ┃ 팩스   (02)2234-1086 ┃ 이메일   khg0109@hanmail.net
값   16,000원 ┃ ISBN   979-11-6002-153-0 13740

메이트북스는 ㈜원앤원콘텐츠그룹의 경제·경영·자기계발·실용 브랜드입니다.
잘못 만들어진 책은 구입하신 서점에서 교환해 드립니다.
이 책을 무단 복사·복제·전재하는 것은 저작권법에 저촉됩니다.

이 도서의 국립중앙도서관 출판시도서목록(CIP)은 e-CIP홈페이지(http://www.nl.go.kr/ecip)에서
이용하실 수 있습니다.(CIP제어번호 : CIP 2018021138)

배움은 우연히 얻어지는 것이 아니라
열성을 다해 갈구하고 부지런히 집중해야
얻을 수 있는 것이다.

• 애비게일 애덤스(여성 운동가) •

지은이의 말
속 시원하게 눈높이를 낮춘 공무원 영문법 책

"어! 공무원 영어! 엄청 어렵네?"

10년간 영어 교사, 영어 강사로 활동을 하던 저는 몇 해 전 메일로 받은 공시생의 질문에 답을 하기 위해서 공무원 영어 시험 문제를 풀게 되었습니다.

공무원의 기본 소양으로서의 영어 수준을 요구할 것이라 생각해서 시험 문제가 쉬울 것으로 예상했었는데, 한 문제 한 문제 풀어 나가면서 깜짝 놀라고, 이내 마음이 무거웠습니다. 단어는 수능보다 어려운 수준이었고, 문법 문제들은 수능보다 훨씬 더 까다로웠습니다.

공무원 시험의 영어 영역이 왜 공시생들에게 부담의 대상인지 몸소 느낄 수 있었습니다. 10년간 영어를 가르치고 토익 점수가 만점인 저에게도 어려운 시험이라면, 대부분의 공시생이 얼마나 이 시험에 부담을 느낄지 상상하기 힘들 정도였습니다. 솔직히 마음이 아팠습니다.

그 뒤로, 저는 공무원 영어에 관심을 가지고 강의나 교재들을 찾아보았습니다. 좋은 책들이 많이 있었지만 정말 쉬운 책, 속 시원하게 눈높이를 확 낮춘 책은 없었습니다. 수능 영어에서 적어도 2~3등급 정도를 받은 학생들이 이해할 수 있는 내용으로 공무원 영어 강의나 교재는 시작되었습니다.

대한민국 고3들의 수능 영어 평균 등급은 4~5등급입니다. (상대평가 시절 기준) 때문에 3~4등급의 학생들이 공무원 시험에 도전할 겁니다. 수능 영어 4~5등급의 학생들은 단어와 영문법의 기초가 완성되었다고 보기 어렵습니다. 열심히 공부는 했지만, 기본기가 약한 학생들입니다.

이 학생들이 공무원 영어에 바로 적응할 수 있을까요? 저는 절대로 아니라고 생각합니다. 쉽게 생각해도 수능보다 공무원 영어가 더 어려운데, 수능 영어를 어려워했던 학생들이 공무원 영어를 혼자서 공부할 수 없습니다.

그동안 많은 공시생이 저의 중학교, 고등학교 영어 강의와 교재를 찾아 주었습니다. 저는 이제야 그분들이 제대로 이해가 되었습니다. 자신의 영어 수준이 중학교, 고등학교에서 멈추었다면, 거기서부터 시작하는 것이 맞습니다.

이에 저는 공시생들만을 위한 기초 영문법 교재가 있으면 좋지 않을까라고 생각했습니다. 그것이 그분들을 위한 배려고, 영어를 가르치는 누군가는 해야 할 일이라고 느꼈습니다.

그래서 이 책을 기획했고, 오랜 시간 동안 만들었습니다. 꼭 알아야 할 영문법의 기초를 모두 다루었고, 공무원 영어 시험에 출제되는 문법 요소들도 집어 넣었습니다. 영어의 기초가 약한 분들이 기본기를 닦으면서 공무원 영어에

도전할 수 있도록 책의 내용을 구성했습니다.

공무원 영어를 준비하는 분들에게 이 책은 신선한 도움이 될 것입니다. 그동안 부족한 기초를 닦기 위해서 중학생, 고등학생을 위한 기초 영문법 강의를 찾아 다녔던 분들에게 이 책은 선물 같은 도움이 될 것입니다.

학창 시절 영어가 어려웠던 분들!

공무원 시험 준비를 시작하면서 영어 과목이 너무나 부담스러운 분들!

공무원 영어 전문 학원에 등록했는데 첫날부터 이해가 너무나 안 돼 좌절한 분들!

그런 분들이 이 책으로 기초를 단숨에 쌓으실 것을 기대합니다.

이 책으로 영문법의 기초를 쌓으면, 공부에 자신이 붙을 겁니다. 학원 강의나 교재도 이해가 되기 시작할 겁니다. 단어만 꾸준히 암기하면, 충분히 공무원 시험 영어 영역에서 원하는 점수를 받을 수 있을 것입니다.

외롭고 힘든 수험 생활을 하고 있을 공시생 분들에게 이 책이 작은 도움과 재미를 드리기를 바랍니다. 저도 늘 마음으로 응원하면서 공무원 영어에 도움을 드릴 수 있는 강의와 교재를 꾸준히 고민하겠습니다. 응원합니다.

영문법 전문 강사 정승익

이 책은 외우는 책이 아니라 술술 읽어 나가는 책입니다.

소설책을 읽는 느낌으로 쭉쭉 읽어 나가시면 됩니다.

읽어 나가다 보면 문법의 개념을 잡을 수 있습니다.

이렇게 읽어주세요

차례의 순서대로 처음부터 끝까지 읽으세요. 이 책은 차례 순서대로 공부했을 때 영문법의 기초를 세울 수 있도록 구성되어 있습니다. 소설책을 읽듯이 술술 읽어나가면 영문법의 틀을 완성할 수 있습니다. 다 읽은 후에는 반복학습을 하면서 세부적인 내용들을 완전히 익히기 바랍니다.

'중간 정리'와 '최종 정리'를 활용해서 배운 개념들을 정리하세요. 영문법은 방대한 내용을 다룹니다. 중간 중간 정리를 하면서 나아가는 것이 중요합니다. '중간 정리'와 '최종 정리' 코너에서 배운 내용들을 정리하면서 끝까지 읽어나가기 바랍니다. 영문법의 기초를 쌓을 때는 빨리 가는 것보다 제대로 가는 것이 중요합니다.

학습한 영문법이 있는 문장들을 정확하게 해석하세요. 영문법을 제대로 공부했다면, 문장을 해석할 수 있어야 합니다. 이 책은 배운 문법을 문장으로 확인할 수 있도록 각 개념의 마지막에 풍부한 문장들을 제공합니다. 단어의 뜻을 바탕으로 대충 의미만 파악하지 말고, 정확하게 문법에 맞추어서 해석하는 연습을 하세요. 짧은 문장들을 정확하게 해석하는 연습을 하면 긴 문장을 해석할 수 있는 바탕이 됩니다.

공무원영어 기출TIP: 조동사 + have p.p. 연습하기

1. [2014 사회복지직 9급] You should have watched the movie.
2. [2008 국가직 9급] I should not have gone to the party.
3. [2009 국가직 9급] He must have known the truth in advance.
4. [2006 국가직 9급 응용] He could not have done such a stupid thing.
5. [2017 국가직 9급] I ought to have formed a habit of reading in my boy-hood.
6. [2009 서울시 9급] Jack would have helped us make a CD, but he didn't have time.
7. [2016 기상직 9급] Something must have happened to Peter to make him behave in such a way.

[해석]
1. 당신은 그 영화를 봤어야 한다.
2. 난 그 파티에 가지 말았어야 한다.
3. 그는 그 사실을 미리 알고 있었음에 틀림 없다.
4. 그는 그렇게 어리석은 것을 했을 리가 없다.
5. 나는 소년 시절부터 독서하는 버릇을 길러 었었어만 했다.
6. Jack은 우리가 CD 만드는 것을 도와주었을 텐데, 그러나 그는 시간이 없었다.
7. Peter가 그렇게 행동하다니 뭔가 일이 있었음에 틀림없다.

공무원 영어 기출 문장들로 공무원 영어에 적응하세요. 이 책에는 공무원 영어 시험에 출제되었던 문장들이 수록되어 있습니다. 상세한 해석을 함께 수록했으니 혼자서 해석을 해본 뒤에 해설을 참고해서 정확한 해석을 확인하세요.

I stopped smoking.
이 문장에서 smoking은 stop의 목적어로 쓰이고 있습니다.

I stopped to smoke.
이 문장에서 하지만 to는 '담배를 피기 위해서'입니다. 이는 목적을 나타내고 이때 to smoke는 to부정사가 '부사적 용법'으로 쓰인 것니다. 목사어로 쓰인 부사적 부사적이가 아닙니다. 따라서 이때는 목적어로 to부정사가 쓰인 것이 아닙니다.

처음 것이 서로 많았고? 머리은 좀 실쳐고 가렵읍니다. 인간에게 남자된 니모를 아빠 몰고기 말하이 떠나 나서는 여정을 그린 (니모를 찾아서)도 픽사(PIXAR)의 수많은 명작 중 하나입니다. 이 영화에는 아래와 같은 대사 나옵니다.

"Just keep swimming." '그냥 계속 헤엄쳐.'

동사 keep의 목적어로 동명사 swimming을 사용했읍니다. keep은 목적어로 동명사만 취하는 동사입니다. 간단한 문장으로도 충분히 감동을 전달할 수 있는 명대사가 만들어진입니다.

③ to부정사와 동명사를 모두 목적어로 취하는 동사
어떤 동사는 to부정사나 동명사를 모두 목적어로 취하는 대신 의미가 상하게 달라지는데 학창 시절에 이 문법이 시험에 시험에 단골로 출제되곤 했었고, 이틀을 제

영화 대사로 영문법의 재미를 느껴보세요. 이 책에는 영화의 명대사들이 수록되어 있습니다. 배운 영문법이 영화 대사에 활용되는 것을 확인하고, 영어의 재미를 느끼기 바랍니다. 영문법은 시험만을 위한 것이 아닙니다. 영화 속에서, 실생활 속에서 영문법이 활용되는 사례를 보면서 영문법의 재미를 느끼세요. 재미를 느끼는 것은 공부를 계속할 수 있는 큰 자극이 됩니다.

[20전 서울시 9급]
다음 빈칸에 가장 알맞은 것을 고르시오.
She requested that he _____ longer for dinner.
① is staying ② stayed ③ stay ④ stays ⑤ has stayed
[정답] ③ / 해석] 그녀는 그가 저녁 시식를 위해 더 머물러줄 것을 요청했다.
[해설] request는 요구의 의미를 가진 동사이기 때문에 that절 이하에 should을 사용했다가 생략됐기에 동사원형인 stay를 써야 합니다.

[2016 국가직 9급]
The police demanded that she not leave the country for the time being.
경찰은 그녀가 당분간은 나라를 떠나지 말 것을 요구했다.

[2012 국가직 9급]
Even before Mr. Kay announced his movement to another company, the manager insisted that we begin advertising for a new accountant.
Kay 씨가 다른 회사로의 전근을 발표하기 전에 그 관리자는 우리가 새로운 회계사 채용 광고를 시작해야 한다고 주장했다.

공무원 영어 문법 문제에 도전하세요. 공무원 영어 시험은 문법 문제를 다루고 있습니다. 영문법 기초가 약한 수험생들에게 상당히 까다로운 영역입니다. 혼자서 도전하기 부담스러운 영역이지만, 이 책을 통해서 개념을 쌓고, 문법 문제에 도전해보세요. 이 책은 수록된 문제들의 해석과 친절한 해설을 제공합니다. 부담 없이 풀어보고 해설을 통해 문제를 내 것으로 만드세요. 이 책으로 문법 문제에 대한 자신감을 얻기 바랍니다.

차례

DAY 01
영어 문장 정복하기

DAY 02
동사 정복하기: 시제

DAY 03
동사 정복하기: 조동사, 수동태

DAY 04
핵심영문법 정복하기: 부정사

DAY 05
핵심영문법 정복하기: 동명사

DAY 06
핵심영문법 정복하기: 분사

DAY 07
고난도영문법 정복하기: 관계대명사

이런 상상을 해볼게요. 여러분은 매일 서점에 들러서 10권의 책을 사서 방에다 가져다두기 시작합니다. 책상 하나 겨우 들어가는 작은 방에 책들이 쌓이기 시작합니다. 일주일이면 70권, 한 달이면 300권의 책이 방안에 쌓입니다. 서점 방문을 시작한지 1년이 지난 지금, 여러분의 방은 3,600권의 책으로 가득 찼습니다.

문제는 여러분은 책을 정리하기 위한 책꽂이를 사지 않았고 3,600권의 책들은 정리되지 않은 채로 방 안에 가득하다는 것입니다. 문득 연초에 샀던 A라는 책이 보고 싶어집니다. 과연 여러분은 방에 가득 쌓여 있는 정리되지 않은 3,600권의 책 더미에서 A라는 책을 쉽게 찾을 수 있을까요? 거의 불가능할 겁니다.

지금까지 우리가 영문법을 공부한 방식이 이러했습니다. 학교, 학원 등 다양한 장소에서 우리는 끝없이 영문법을 배웠습니다. 하지만 정리를 하지 않고 영문법 지식들로 머릿속을 가득 채우다 보니 머릿속은 뒤죽박죽이 되었습니다. 이 상태로 문법 지식을 더 채워 넣으면 우리의 머릿속은 더욱 복잡해집니다. 더 열심히 공부를 할수록 더 이해가 안 되는 아이러니한 상황이 발생합니다. 이 책을 통해서 우리는 영문법을 정리할 것입니다. 제대로 정리를 해야 새로운 것들을 채워나갈 수 있습니다.

그리고 영문법의 최종 목적은 문장 해석임을 명심하세요. 지나치게 문법 용어에 집착하거나 파고들지 말고, 눈앞에 보이는 영어 문장을 해석하는 것에 집중해주세요. 준비가 되었으면 영문법 잡으러 지금 출발합니다.

DAY 01
영어 문장 정복하기

DAY 01
8품사

학창 시절에 영어 선생님께서는 명사, 형용사, 동사라는 말을 수업 시간에 자주 하셨죠. 하지만 이런 개념들을 영어 시간에 따로 배운 적이 없을 겁니다. 이들은 '8품사'의 일부입니다. 따로 8품사를 공부하지 않은 학생들은 이 개념들을 제대로 몰라서 영어 공부 시작부터 꼬입니다. 학교에서 배우지 못한 모든 영어 공부의 시작인 8품사를 지금 알아봅니다.

8품사

사람은 세상에 태어나면서 남자 혹은 여자라는 특성이 결정됩니다. 이 타고난 특성은 평생 유지됩니다. 영어의 단어들도 생겨나면서부터 남자, 여자와 같은 타고난 특성을 가지게 되는데요, 이것을 '품사'라고 부릅니다. 직역하면 '물품을 나타내는 말' 정도입니다. 영어 단어는 8가지의 특성 중 하나를 갖게 되는데 이들을 '8품사'라고 부릅니다. 8품사라는 용어는 다소 낯설 수 있지만 우리는 명사, 형용사, 동사 등 이미 많은 품사들을 알고 있습니다. 정리하는 느낌으로 함께하시면 됩니다.

Q. 8품사는 교과서에 안 나오는데 왜 중요하죠?

A. 8품사는 중학교 이상의 교과서에 나오지 않습니다. 초등학교 때는 문법을 따로 안 배우고, 중학교에서는 8품사가 너무 기초적인 내용이라 가르치지 않다 보니, 8품사는 어디서도 제대로 배울 수 없습니다. 하지만 영어 공부를 하다 보면, 명사, 형용사, 부사, 전치사, 접속사 등의 말이 수시로 등장합니다. 8품사는 요리로 따지면, 겉으로 보이지 않아도 모든 요리에 들어가는 간장처럼 영어의 모든 영역의 기초가 됩니다. 그래서 교과서를 제외한 많은 문법책과 강의가 8품사부터 시작한답니다.

8품사의 종류

① 명사

명사는 무언가의 이름입니다. 명사는 사람, 사물, 동물, 추상적 개념의 이름을 나타내는 말입니다. 영어에서 가장 기본적이고 중요한 품사입니다. 우리에게 가장 익숙한 품사 중의 하나이기도 하죠. 이미 우리는 많은 명사들을 알고 있습니다. 아래와 같은 단어들이 무언가의 이름을 나타내는 '명사'입니다. 명사를 분류하는 방법은 다양하지만, 특히 셀 수 있는 명사와 셀 수 없는 명사를 구분하는 것이 중요합니다. 셀 수 있는 명사는 하나, 둘, 셋… 이렇게 셀 수 있는 것을 말합니다.

셀 수 있는 명사 book(책), boy(소년), girl(소녀), people(사람), class(학급), audience(청중)

셀 수 없는 명사 Seoul(서울), America(미국), Tom(톰), milk(우유), gold(황금), salt(소금), air(공기), happiness(행복), truth(진실), love(사랑), hope(희망)

Q. 셀 수 있는 명사와 셀 수 없는 명사는 왜 중요한가요?

A. 시험에 자주 등장하기 때문입니다. 아래의 셀 수 있는/없는 명사의 특징들을 잘 익혀두세요. 셀 수 없는 명사 water와 셀 수 있는 명사 book을 기준으로 설명드릴게요.

1. 셀 수 있는 명사는 한 개일 때 a(n)을 붙인다. 복수일 때는 s(es)를 붙인다. 셀 수 없는 명사는 아무 것도 붙일 수 없다.

a book 책 한 권 → two books 책 두 권

water 물 ※waters(X)

2. '약간'을 표현하는 방식이 다르다. 이건 암기합시다. little, a little은 셀 수 없는 명사와 함께 사용하고, few, a few는 셀 수 있는 명사와 함께 사용한답니다.

a little water vs. a few books

3. 셀 수 없는 명사는 단수 취급한다. 셀 수 없는 명사는 2개, 3개가 없으니까 복수로 취급할 수 없어요. 그러니 단수로 취급할 수밖에 없습니다.

There is water. 물이 있다.

There are two books. 책이 두 권 있다.

---

② 대명사

대명사는 '명사'를 '대'신하는 말입니다. 영어든 한국말이든 앞에서 한 번 썼던 말을 반복하는 것을 좋아하지 않습니다. 한 번 언급한 명사는 대명사로 표현합니다. 워낙 익숙한 단어들이라서 대명사는 빈가울 겁니다. 긴단하게 살피고 패스!

> I(나), you(너, 너희들), he(그), she(그녀), they(그들), this(이것), that(저것)···

③ 동사

동사는 사람이나 사물의 '움직임'이나 '상태'를 나타내는 말입니다. 동사에는 3가지 종류가 있습니다. be동사, 일반 동사, 조동사가 동사의 삼형제입니다. 동사들은 다시 한 번 이 책을 통해서 만나게 되기 때문에 일단 이번에는 종류와 형태만 살피고 넘어갑니다.

> be동사: am, are, is, was, were
> 일반 동사: play(놀다), eat(먹다), study(공부하다), sleep(자다)···
> 조동사: can(~할 수 있다), may(~일 지도 모른다), will(~일 것이다), must(~해야 한다)···

④ 형용사

형용사는 사람이나 사물의 성질, 수량, 크기, 색 등을 나타내는 말입니다. 형용사는 명사를 꾸며주는 역할을 한다는 걸 기억해야 합니다. pretty girl(예쁜 소녀)이라는 표현에서 형용사 pretty는 명사 girl을 꾸며주고 있습니다. 형용사는 2가지 방법으로 사용합니다. 문법책을 보면 한정적 용법, 서술적 용법으로 표현되어 있습니다. 용어만 보면 어렵게 느껴지지만 들여다보면 쉽게 이해할 수 있습니다.

한정적 용법: pretty girl 예쁜 소녀
서술적 용법: The girl is pretty. 그 소녀는 예쁘다.

2가지 경우에 쓰인 pretty의 느낌이 다르죠? 한정적 용법에서는 형용사 pretty 가 girl이라는 명사를 꾸며주면서 세상의 모든 girl이 아닌, 'pretty'한 girl이라 고, 명사 girl의 의미를 '한정'합니다. 서술적 용법에서는 형용사 pretty가 is라 는 동사 다음에 쓰여서 문장을 '서술'하고 있습니다. 이름에 답이 있네요.

⑤ 부사

부사는 장소, 방법, 시간, 이유 등의 의미를 문장에 더하는 말입니다. 부사는 요 리에서 '참깨' 같은 역할을 한다고 보면 됩니다. 참깨는 군이 뿌리지 않아도 되 지만 풍미를 더하기 위해서 추가로 뿌리는 것이죠. 부사도 문장에서 반드시 필 요한 성분은 아니지만 문장의 의미를 풍부하게 합니다.

English is very easy. 영어는 매우 쉽다.

이 문장에서 부사 very는 형용사 easy를 꾸며주고 있습니다. very가 없어도 문장은 말이 됩니다.

English is easy. (그렇죠?)

이처럼 부사는 문장에서 반드시 필요한 것은 아니지만, 의미를 풍부하게 합니다. 문법에서는 부사는 형용사, 부사, 동사, 그리고 문장 전체를 수식한다고 정의합니다.

⑥ 전치사

전치사는 한자를 풀이해보면 '(무언가의) 앞에 위치하는 말'입니다. 전치사는 '명사나 대명사 앞에 위치하는 말'입니다. 명사나 대명사 앞에 위치하면서 그 명사의 장소, 방향, 목적 등을 표현하는 말이 전치사입니다. 모든 전치사 뒤에는 명사나 대명사가 존재해야 합니다. 짧으면서 다음에 (대)명사가 따라오는 품사가 전치사입니다. 눈에 익혀둘게요.

in, on, for, by, with, without… + (대)명사
in the box 상자 안에
on the table 탁자 위에
for you 너를 위해

⑦ 접속사

'접속'이라는 말은 '맞대어 이음'이라는 뜻입니다. 접속사는 무언가를 이어주는 말입니다. and가 가장 대표적인 접속사입니다.

coffee and donut

접속사 and가 coffee와 donut이라는 두 명사를 이어주고 있습니다. 비슷한 역할을 하는 접속사로는 and, but, or, so 정도가 있습니다. 접속사는 짧은 덩어리를 이어주기도 하고 긴 덩어리들을 이어주기도 합니다. 긴 덩어리를 한 번 연결해볼게요.

> to live or to die 사는 것 또는 죽는 것
> I love her but she doesn't love me. 나는 그녀를 사랑하는데, 그녀는 나를 사랑하지 않는다.

⑧ 감탄사

감탄사는 무언가에 감탄할 때 쓰는 말입니다. Oh, Ah, Bravo 등이 대표적인 감탄사입니다. 감탄사는 특별히 공부할 것이 없습니다. 나중에 how, what을 이용해서 감탄하는 방법이 나오는데, 그 때 공식처럼 한 번만 암기해 주시면 됩니다.

⑨ 관사

지금까지 익힌 8품사 외에 '관사'라는 것이 있습니다. 관사는 명사 앞에 쓰여서 명사에 가볍게 제한을 가하는 말입니다. 관사는 다음과 같이 두 종류가 있습니다.

> 부정관사 a(n)
> 정관사 the

관사의 기본은 쉽습니다. 불특정한 것 하나를 나타낼 때는 a(n)을 쓰고, 특정한 것에는 the를 씁니다.

> I saw a cat. (나는 고양이 한 마리를 보았다. – 보통의 고양이 한 마리)
> The cat was cute. (그 고양이는 귀여웠다. – 특정한 고양이)

영어를 꽤 오래 공부한 이들도 관사의 사용에서는 실수를 할 정도로 관사의 쓰임은 미묘하고 어렵습니다. 일단 기본만 익히고, 이후에 중급 이상의 문법 수준이 되었을 때 시험에 활용되는 개념을 한 번 더 정리해야 합니다. 기본적인 관사의 쓰임은 다음과 같습니다.

막연한 것	a(n)	• 불특정한 하나의 명사(셀 수 있는 명사에 붙임)
특정한 것	the	• 특정한 명사(셀 수 있는 명사, 셀 수 없는 명사, 단수, 복수에 다 쓰임) ① 앞에 나온 명사가 다시 나올 때 ② 수식을 받는 명사 ③ 상황으로 알 수 있는 명사
관용적인 것	the	• 유일한 것(the sun, the moon, the sky, the universe) • 악기명(the piano, the guitar…)
	무관사 (관사를 사용 안 함)	• 식사명(breakfast, lunch…) • 운동명(soccer, basketball…) • 학과명(English, history, mathematics…)

8품사 외우기

8품사를 외우면 영어의 기초에 자신이 생깁니다. 지금부터 딱 2분만 투자하면 8개의 품사를 외울 수 있습니다. 시작합니다.

먼저 8품사의 첫 글자들을 나열하면, 다음과 같습니다.

명동형부대감접전

이것을 문장으로 만들어보겠습니다.

명동에서 형부랑 대감이 접전을 벌인다.

이제 머릿속에 하나의 장면을 상상해봅니다. 서울의 명동 길거리에서 형부랑 대감이 화난 얼굴로 접전을 벌이고 있습니다. 아래 그림처럼 말이죠.

명동에서 누가누가 싸우고 있는지 기억이 나신다면, 여러분은 이제 8품사를 완전히 외우셨습니다.

8품사는 모든 영문법의 기초가 됩니다. 완전히 기억이 날 때까지 앞의 그림을 참고해서 외워주기 바랍니다. '어디서? 명동에서! 누가? 형부랑 대감이! 뭘 하고 있죠? 접전을 벌이고 있습니다!' 이 책이 끝날 때까지 영원히 기억해 주세요.

🔍 중간 정리 ··

1. 영어의 단어는 만들어질 때부터 8개의 특징 중 하나를 가지고, 이를 8품사라고 부른다.

2. 영어의 단어들은 '8품사 + 관사'로 이루어져 있다.

3. '명동형부대감접전'을 외우면 8품사 암기 완료!

떡볶이 좋아하시나요? 저도 상당히 좋아하는데요, 떡볶이를 만들 때 '떡, 어묵, 고추장, 엿'은 필수적으로 필요합니다. 영어에서 문장이라는 요리를 만들기 위해서는 'S, V, O, C'라는 재료들이 꼭 필요합니다. S, V, O, C는 떡, 어묵, 고추장, 엿처럼 문장이라는 요리를 만들기 위한 필수 재료들이라고 생각하면 됩니다.

떡볶이 : 영어 문장 = 주재료(떡, 어묵, 고추장, 엿) : S, V, O, C

요리 재료를 알아야 요리를 완성할 수 있듯이, 영어 문장을 제대로 이해하고 해석하려면 주된 재료들부터 이해해야 합니다.

주어(Subject)

주어는 문장의 주인입니다. 영어로는 subject, 줄여서 주로 S라고 표시합니다. 주어는 '~은, ~는, ~이, ~가'를 붙여서 해석합니다. 다음 문장에서 주어를 찾아보세요.

I love you.

너무 쉽죠? 'I'가 주어입니다. 앞으로 영문법을 더 배우게 되면, 주어의 형태가 다음과 같이 길어지고 다양해짐을 알게 될 겁니다. 아래 문장들은 문법을 더 배워야 정확하게 해석할 수 있습니다.

I want to study English. 나는 영어를 공부하고 싶다.
To study English is fun. 영어를 공부하는 것은 재미있다.
Studying English is interesting. 영어를 공부하는 것은 흥미롭다.

Q. 긴 문장에서 주어-동사가 안 보여요. 어떻게 찾죠?

A. 주어-동사를 찾아야 정확하게 해석을 할 수 있는데, 긴 문장에서는 이 작업이 쉽지 않습니다. 이때는 문장을 처음부터 읽어 나가면서 "동사"를 찾으면 됩니다. 그 동사 앞은 전부 주어 부분이 됩니다. 주어 부분을 하나로 뭉쳐서 해석을 해 주면 된답니다. 아래 문장에서 문장을 시작하는 that이 '접속사'라는 문법을 몰라도, 동사인 is 앞부분을 한 덩어리로 뭉친다는 느낌으로 해석을 하면 됩니다.

That you study English is surprising. 네가 영어를 공부하는 것은 놀랍다.

주어–동사만 정확하게 찾아도 해석은 매우 정확하고 빨라집니다. 동사를 찾는 연습을
꾸준히 해보세요.

동사(Verb)

동사는 주어가 어떤 동작을 하는지, 어떤 상태인지를 나타내는 말입니다. 영어
로는 verb이고, 줄여서 V라고 표시합니다. '~이다, ~하다'로 해석을 합니다.
동사는 주로 주어 다음에 위치합니다.

동사를 찾는 것이 영어 문장 해석에서 가장 중요합니다. 동사에 따라서 다음
에 나올 내용이 결정되기 때문에 문장의 해석에서 동사의 역할은 결정적입니
다. 자, 다음 문장에서 동사를 찾아볼까요?

I love you.

너무 쉽나요? 정답은 love이죠. love가 '사랑하다'라는 의미이기 때문에 누
구를 사랑하는지가 뒤에 이어진 겁니다. 자, 다음 문장에서 동사를 찾아봅니
다.

That we must study English is a common belief.

동사는 is입니다. 왼쪽에서 오른쪽으로 읽어 나가면서 동사처럼 생긴 것을 찾
아주시면 됩니다. 긴 문장일수록 동사를 찾는 것이 중요한 이유는, 동사를 찾

으면 자연스럽게 동사 앞은 주어 부분이 되면서 문장의 구조가 보이기 때문입니다. 동사를 기준으로 아래와 같이 문장의 구조를 나누어서 생각하면 영어 문장이 보입니다.

주어: That we must study English 우리가 영어를 공부해야만 한다는 사실은
동사: is ~이다
동사에 이어지는 부분: a common belief. 일반적인 생각

주어와 동사만 정확하게 찾아낼 수 있어도 영어 문장을 매우 효과적으로 해석할 수 있답니다. 동사를 먼저 찾는 연습을 많이 하세요. 문장 해석 연습의 첫 단계입니다.

동사는 덩어리들이 모여서 숙어처럼 쓰이기도 합니다. 아래 동사들은 모두 공무원 영어 기출 동사숙어들입니다. 의미를 외우고 넘어갑시다.

be a source of	~의 근원이다
be cut out to 동사	~에 적격이다
be open to the light	공개되다
be supposed to 동사	~하기로 되어 있다
come into force	시행되어 효력이 발생하다
come to the realization	~을 깨닫게 되다
come to 동사	~하게 되다
crack down on	~을 단속하다
feast on	마음껏 먹다
have access to	~에 접근하다
look up to	~을 존경하다
make up for	~을 만회하다
result from	~로부터 기인하다
result in	결과적으로 ~이 되다
run out of	~이 부족하다
tell A from B	A와 B를 구별하다
think too much of	~을 중요시하다

목적어(Object)

목적어는 '~을(를)'을 붙여 해석하며, 동사 뒤에 위치합니다. 영어로 object이고 줄여서 O라고 표시합니다. 목적어는 모든 문장에서 필요한 건 아닙니다. 동사까지 썼는데 뒤에 내용 보충이 필요한 경우가 있습니다. 아래 문장에서는 무엇이 부족할까요?

I love

나는 사랑한다… 뭘 사랑하는지 궁금하죠? 그녀를 사랑하는지, 동물을 사랑하는지, 햄버거를 사랑하는지 밝혀야 합니다. 이때 목적어를 추가합니다.

I love you.

이제 문장의 의미가 확실해졌습니다. 이 문장에서 you가 목적어입니다. 주어처럼 목적어도 형태가 다양합니다. to부정사를 비롯한 문법을 배우면 자연스럽게 알게 되니까 일단 형태만 살펴봅니다. 중요한 점은 동사를 해석하고 다음에 '~을/를'에 해당하는 궁금한 내용을 생각할 수 있어야 한다는 점입니다. 궁금해요? 궁금하면 목적어를 추가하세요.
다양한 목적어의 형태는 다음과 같습니다.

I study English. 나는 영어를 공부한다.

I want to study English. 나는 영어 공부하기를 원한다.
I know that you study English. 나는 네가 영어 공부한다는 사실을 안다.

보어(Complement)

보어는 S, V, O, C 중에서 학습자들이 가장 어려워하는 개념입니다. 보어는 '보충하는 말'이라는 뜻입니다. 보어는 영어로 complement이고, 줄여서 C로 표현합니다.

I am 나는 ~이다

위 문장에서 내가 무엇인지를 알 수 없습니다. 내가 무엇인지를 보충해줘야 합니다. 이때 보어를 추가하는 겁니다. 아래 문장처럼 말이죠.

I am a student. 나는 학생이다.

이때 a student가 보어입니다. 보어를 추가해서 문장을 완성했습니다. 영어는 2가지 종류의 보어가 있습니다.

주격보어와 목적격보어, 이들은 보어의 2가지 종류입니다. 영어로 주격보어는 Subject Complement라서 줄여 S.C.라고 표현하고, 목적격보어는 Object Complement라서 O.C.라고 표현합니다. 주격보어는 '주어를 보충하는 말', 목적격보어는 '목적어를 보충하는 말'입니다.

I am smart. 나는 똑똑하다.

이 문장에서 smart는 주격보어입니다. 주어인 'I'의 의미를 보충하고 있기 때문이죠. 주격보어가 이해되셨죠? 그럼 이제 약간 더 어려운 목적격보어를 살펴봅니다. 다음 문장을 보세요.

I named my cat. 나는 내 고양이를 이름 지어주었다?

name이 동사로 쓰이면 '(무언가에) 이름을 지어주다'는 뜻입니다. 그런데 위 문장에서는 내 고양이의 이름을 뭐라고 정했는지가 드러나지 않습니다. 그래서 문장이 완성되지 않았어요. 완성된 문장을 아래에서 확인하세요.

I named my cat Kitty. 나는 내 고양이를 Kitty라고 이름 지어주었다.

이제 문장이 완성되었습니다. 목적어인 my cat이 Kitty입니다. Kitty는 목적어인 my cat을 보충하고 있으니 '목적격보어'가 됩니다. 주격보어와 목적격보어까지 이해하셨다면 문법의 작은 산, 아니 꽤 큰 산을 하나 넘은 겁니다.

Q. 목적어와 보어를 어떻게 구별하나요? 헷갈려요!

A. 동사 다음에 무언가 한 덩어리가 보이는데, 이것이 목적어인지 보어인지를 구별하는 것은 영문법 초보 단계에서 상당히 어렵습니다. 영문법이 익숙해지면 이건 전혀 헷갈리지 않습니다. 고수가 되면 동사를 보는 순간 보어가 필요한 동사인지 목적어가 필요한

동사인지를 자연스럽게 알 수 있기 때문이죠. 초보 때는 목적어와 보어의 구별이 고민되지만, 고수가 되면 다음과 같이 생각할 수 있습니다.

become (보어가 필요하겠군. 뭐가 되는 거지?)
feel (보어가 필요해. 무슨 느낌이 드는 걸까?)
buy (목적어가 필요하겠군. 무엇을 사는 거지?)
discuss (목적어가 필요해. 무엇을 토론하는 걸까?)

초보 때부터 동사를 공부할 때 동사 다음에 나오는 덩어리를 함께 공부하는 습관을 가지면 두고두고 도움이 됩니다. 아예 공부 단계에서부터 아래처럼 다음에 이어지는 덩어리까지 함께 공부하는 거죠. 이 방법은 독해의 속도도 꽤 빠르게 만들어줍니다.

become a teacher 교사가 되다
feel nervous 긴장감을 느끼다
buy a computer 컴퓨터를 사다
discuss the issue 그 사안을 토론하다

주어, 동사, 목적어, 보어는 문장의 재료들입니다. 재료를 정확하게 알아야 요리를 제대로 할 수 있듯이 문장의 재료를 정확하게 파악해야 합니다.

🔍 중간 정리 ··

1. 주어는 문장의 주인이다.
2. 동사는 주어의 상태나 동작을 나타낸다.
3. 목적어는 '~을(를)'로 해석한다.
4. 보어는 보충하는 말이다.
5. 보어는 주격보어와 목적격보어의 2종류이다.
6. 주격보어는 주어를 보충하고, 목적격보어는 목적어를 보충한다.

DAY 01
8품사와 S, V, O, C

지금까지 우리는 8품사와 S, V, O, C라는 크게 2개의 문법을 배웠습니다. 이제 이 2개의 문법 관계를 따져보려고 합니다. 어디서도 볼 수 없는, 하지만 영문법의 기초를 세우는 데 너무나 중요한 8품사와 S, V, O, C와의 관계를 지금부터 정리합니다.

S, V, O, C가 문장의 재료라고 했죠? 이 재료들로 영어 문장을 5가지 형태로 만들 수 있습니다. 이것이 참 중요한 이야기입니다. 요리 재료가 있다고 해서 훌륭한 요리가 만들어지지는 않습니다. 한 예로 미역이랑 참기름, 쇠고기가 있다고 해서 미역국이 만들어지는 것이 아닙니다. 먼저 재료를 참기름에 볶고 난 다음에 물을 붓는 요리법을 알아야 미역국을 만들 수 있습니다. 마찬가지로 S, V, O, C를 이용해 제대로 된 문장으로 만들기 위해서는 요리법을 알아야 합니다. S, V, O, C로 문장을 만드는 요리법은 5가지라고 했죠?

8품사와 S, V, O, C

S, V, O, C로 만든 5가지 문장의 형식을 '문장의 5형식'이라고 하는데요, 많이 들어보셨죠? 먼저 형태만 살펴보겠습니다.

1형식 문장: S+V
2형식 문장: S+V+C
3형식 문장: S+V+O
4형식 문장: S+V+O+O
5형식 문장: S+V+O+C

5가지 형식의 문장들이 모두 S, V, O, C로 이루어져 있는 것을 볼 수 있습니다. 왜 S, V, O, C를 문장의 재료라고 부르는지 이해가 되시죠? 이제 8품사와 연결합니다. 먼저 복습해볼게요.

8품사는 단어의 타고난 성질입니다. S, V, O, C는 그 타고난 성질에 따라 단어가 할 수 있는 일이라고 생각하면 됩니다. 출산은 '여자'로 태어나야 할 수 있

습니다. 남자가 할 수 있는 일이 아닙니다. 명사로 태어난 단어는 S라는 역할을 할 수 있습니다. 하지만 전치사로 태어난 단어는 S의 역할을 못 합니다. 8품사와 그것이 할 수 있는 역할인 S, V, O, C의 관계는 다음과 같습니다.

8품사	→	문장에서 할 수 있는 역할
명사	→	S, O, C
동사	→	V
형용사	→	C
부사	→	?
대명사	→	S, O, C
감탄사	→	?
접속사	→	?
전치사	→	?

이 관계를 아는 것은 영문법에서 아주 중요합니다. 아래 기출 문장이 어법상 맞는지 판단하세요.

공무원영어 기출TIP: O/X

Q. [2009 국가직 9급] He smells [badly]. (O / X)

A. X [해석] 그는 안 좋은 냄새가 난다.

[해설] badly가 있는 자리는 보어 자리입니다. 형용사는 보어가 될 수 있지만, 부사인 badly는 보어가 될 수 없습니다. 이건 태어날 때부터 정해진 겁니다. 위에서 공부한 관계를 알면 특별히 외울 것도 없이 답을 찾을 수 있습니다.

그런데 8품사 중에서 부사, 감탄사, 접속사, 전치사는 S, V, O, C의 역할을 할 수 없는 품사들입니다. 이들은 문장에서 역할이 없는 걸까요? 아닙니다. 필요가 없다면 애초에 만들지 않았을 겁니다. S, V, O, C는 문장의 주재료입니다. 떡볶이로 따지면 떡, 어묵, 고추장처럼 없어서는 안 되는 필수 재료들이죠. 하지만 우리가 떡볶이를 이런 재료들로만 만드는 것은 아닙니다. 라면도 넣고, 만두도 넣고, 김도 뿌리면 훨씬 더 풍부한 맛을 즐길 수 있습니다. 부사, 감탄사, 접속사, 전치사는 영어 문장의 주재료는 아니지만 맛을 풍부하게 하는 역할을 한다고 생각하면 됩니다. 예를 들어볼게요.

I go.

이 문장은 주어와 동사라는 문장의 주재료를 이용해서 만든 문장입니다. 문법적으로 틀린 문장은 아니지만 의미가 너무 부족합니다. 마치 떡이랑 고추장만 넣고 만든 떡볶이 같아요.
여기에 라면 사리를 넣어보겠습니다.

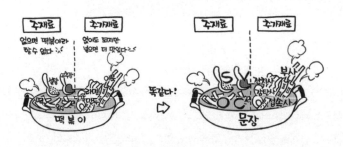

I go to school.
떡볶이 라면 사리

썰렁했던 문장의 의미가 풍부해졌습니다. '전치사 + 명사'라는 라면 사리를 추가해서 문장의 의미를 풍부하게 만들었습니다. 이런 라면 사리는 잠시 후 문장의 형식에서 배우게 되니 조금만 기다려주시고, 여기까지 우리는 너무나 중요한 영어의 기초 8품사와 S, V, O, C를 익혔습니다.

 중간 정리

1. 8품사 중 명사, 대명사가 주어의 역할을 할 수 있다.
2. 동사는 8품사 중 동사가 할 수 있는 역할이며, 주어의 동작이나 상태를 나타낸다.
3. 8품사 중 명사, 대명사가 목적어 역할을 할 수 있다.
4. 명사, 대명사, 형용사가 보어 역할을 할 수 있다.
5. 부사, 전치사, 접속사, 감탄사는 문장의 양념 역할을 하며 의미를 보충한다.

문장의 5형식

지금까지 우리는 문장을 만드는 재료들에 대해서 배웠습니다. 품사가 S, V, O, C의 역할을 하면서 문장이 만들어집니다. 요리법대로 요리를 해야 맛있는 요리를 할 수 있듯이 문장을 만들 때에도 문장을 만드는 법을 따라야 합니다. 이것이 바로 문장의 5형식입니다.

문장의 5형식

영어에서 문장을 만들고 싶다면 S, V, O, C라는 재료를 다음과 같은 5가지 형태로 조합해야 합니다. 이것이 바로 문장의 5형식입니다.

1형식 문장: S+V

2형식 문장: S+V+C

3형식 문장: S+V+O

4형식 문장: S+V+O+O

5형식 문장: S+V+O+C

Q. 문장의 형식을 반드시 알아야 하나요? 그냥 해석하면 안 되나요?

A. 많은 영어 학습자들이 이런 질문을 합니다. 문법 공부는 옛날 방식의 공부법이라고 생각을 하고, 회화 위주의 공부를 해야 제대로 된 영어를 배우고 있다고 생각합니다. 하지만, 내신, 수능, 공무원 시험, TOEIC, TOEFL 등 많은 분들의 영어 공부의 목적이 영문법에 대한 이해를 필요로 합니다. 수학의 공식을 알면 연습 문제를 시원하게 풀 수 있듯이, 영문법을 익히면 많은 영어 문장들을 효율적으로 이해할 수 있습니다. 5형식 문장 100개를 해석해 보지 않아도, 5형식 문장이라는 문법을 한 번만 배우면 다른 모든 5형식 문장들을 해석할 수 있는 것처럼 말이죠.

1형식 문장

형태: S + V + (수식어구)

해석: S가 V하다.

1형식은 주어와 동사만 가지고 만든 문장입니다. 잔치 국수처럼 아주 담백하고 간결한 문장이죠. 아래 문장들이 1형식 문장입니다. 지금부터는 문장의 동사에 집중하세요. 이 동사들과 친해지는 것이 독해를 정확하고 빠르게 할 수 있는 지름길입니다.

1형식은 다음과 같습니다.

Birds sing. 새들이 노래한다.
The rain stopped. 비가 멈췄다.

① 전치사구

주어와 동사만 이용해서 만든 1형식 문장의 경우는 워낙 단순해서 주로 의미를 보충해줍니다. 가장 대표적인 것이 '전치사+명사'를 이용해서 의미를 보충하는 경우입니다. 워낙 문장에서 활용이 많이 되기에 이들을 부르는 '전치사구'라는 별도의 이름이 있습니다. 전치사구의 개념을 간단히 정리해보겠습니다.

전치사구 = 전치사 + 명사

at noon(정오에)   outside the window(창문 밖에)   at night(밤에)
on Monday(월요일에)

이렇게 문장에서 양념 역할을 하면서 문장의 의미를 보충하는 성분들을 수식어구라고 부르고, 영어로는 Modifier이고, 줄여서 M으로 표현합니다. M은 문장의 주재료는 아니지만 의미를 보충하기 위해서 추가해준 성분이라고 생각하면 됩니다.

I go to school. 나는 학교에 간다.
　　수식어구

Time flies like an arrow. 시간이 화살처럼 날아간다.
　　　　수식어구

② 1형식에 쓰이는 동사들

문장을 정확하게 해석하기 위해서는 형식에 맞게 해석해야 하고, 문장의 형식을 파악하기 위해서는 동사에 익숙해져야 합니다. 1형식 문장에 쓰이는 동사들은 다음과 같습니다.

go(가다), come(오다), fly(날다), fall(떨어지다), leave(떠나다), arrive(도착하다), happen(일어나다), rise(오르다), cry(울다), smile(웃다), work(효과가 있다)…

③ there is/are 구문

there is/are도 1형식 문장으로 분류합니다. there은 부사로서 '거기에서'라는 의미를 가지고 있지만, there is/there are 표현에서는 의미가 없습니다. 이 표현을 사용할 때는 주어가 there이 아니라 be동사 뒤에 위치하는 명사입니다.

There is + 단수명사주어
There are + 복수명사주어

There is a cap on the desk.

책상 위에 모자가 한 개 있다.

There are two cats under the table.

테이블 아래에 두 마리 고양이가 있다.

④ 1형식 문장 해석 연습

이제 1형식 문장 해석을 연습합니다. 1형식은 주어와 동사만 정확하게 해석하면 됩니다. 동사에 주목해서 아래 문장들을 해석해보세요. 기본적으로는 동사 다음에 필요한 성분이 없지만, 의미를 풍부하게 하기 위해서 수식어구를 사용할 수 있습니다. 오른쪽 해석을 가리고 혼자 해석해보세요.

주어가 동사하다.	
1. The wall collapsed.	벽이 무너졌다.
2. The soldiers drank.	그 군인은 (술을) 마셨다.
3. The cute baby slept.	그 귀여운 아기는 잤다.
4. We listened to Obama.	우리는 Obama의 이야기를 들었다.
5. The airplane departed.	비행기가 출발했다.
6. The president resigned.	그 대통령은 사임했다.
7. Abraham speaks fluently.	Abraham은 유창하게 말한다.
8. He went to the movies yesterday.	그는 어제 영화를 보러 갔다.
9. The woman in the photograph smiled.	사진의 여성은 웃었다.
10. Sarah came to the party after work.	Sarah는 일을 마치고 파티에 왔다.

2형식 문장

형태: S + V + C
해석: S는 C이다. / S가 C가 된다.

2형식 문장은 주어, 동사, (주격)보어로 만드는 문장입니다. 동사까지만 서술했을 때에는 의미가 부족해서 보어를 이용해서 의미를 완성해줘야 합니다. 다음 문장들은 완성된 문장일까요?

I am
나는 ~이다.
You are
너는 ~이다.
She looks
그녀는 ~처럼 보인다.
Tom became
Tom은 ~이 되었다.

의미가 부족하죠? 완성된 문장들이 아닙니다. 이제 보어를 이용해서 부족한 의미를 보충합니다.

I am a taxi driver. 나는 택시운전사이다.
You are pretty. 너는 예쁘다.

She looks <u>happy</u>. 그녀는 행복해 보인다.

Tom became <u>a doctor</u>. Tom은 의사가 되었다.

이때 추가된 밑줄친 부분이 보어입니다. 보어가 될 수 있는 품사는 명사와 형용사입니다. 위 문장에서 보어로 명사와 형용사들이 쓰인 것을 확인할 수 있습니다.

① 대표적인 2형식 동사들

2형식 동사들은 의미에 따라서 분류해서 익히면 효율적으로 이해할 수 있습니다.

• be동사: '~이다'라고 해석합니다.

> am, are, is, was, were

Honesty is the best policy. 정직이 최선의 방책이다.

• seem류 동사: '~처럼 보인다'라고 해석합니다.

> appear, look···

The lake looks beautiful in the moonlight. 호수는 달빛에 아름답게 보인다.

• 감각동사: '~한 감각이 느껴지다'라는 식으로 해석됩니다. '감각동사'라는
  특별한 이름을 가지고 있는 동사이기도 하니까 잘 봐두세요.

feel, sound, smell, taste, look…

Good medicine tastes bitter. 좋은 약은 쓴 맛이 난다.

• become형 동사: '~이 되다'라고 해석합니다.

turn, get, grow, go, run, fall, come, make…

The tree grew bigger. 나무는 더 커졌다.

• remain형 동사: '~ 상태를 지속/유지하다'라는 의미입니다.

stay, keep, lie, stand…

She remained calm. 그녀는 침착한 상태를 유지했다.
The house stood empty. 그 집은 오랫동안 비어 있었다.

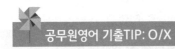

Q. [2015 경찰직 1차] Korean apples taste wonderful. (O / X)

A. O [해석] 한국 사과는 맛이 좋다.

[해설] taste는 대표적인 2형식 동사입니다. 감각동사라고도 하죠. wonderful이라는 형용사 보어가 적절하게 쓰인 맞는 문장입니다. wondefully 같은 부사는 보어로 사용할 수 없습니다.

2형식 문장까지 공부하면서 혹시 '너무 쉬운 것만 배우고 있는 것이 아닌가' 하는 생각이 드실 수 있습니다. 그래서 준비했습니다. 할리우드 영화나 미국 드라마를 유심히 보면 주인공들이 결코 길게 말하지 않음을 알 수 있습니다. 사실 우리도 일상에서 결코 긴 문장을 말하지 않는답니다. 짧은 문장으로도 충분히 의미를 전달할 수 있습니다.

"I'm the king of the world!" "내가 세상의 왕이다!"

제임스 카메룬 감독의 영화 〈타이타닉〉의 명대사입니다. 선술집에서 도박으로 타이타닉호에 승선하게 된 가난한 화가 잭(레오나르도 디카프리오)과 귀족 로즈(케이트 윈슬렛)의 운명적인 사랑이 타이타닉호의 침몰이라는 실화와 어우러집니다. 이 영화에서 주인공 잭이 자신이 타게 된 타이타닉호의 갑판에서 벅찬 마음을 무려 2형식 문장으로 표현합니다. 이 대사는 멋진 영상과 디카프리오의 잘생긴 얼굴과 함께 영화사에 명대사로 기록됩니다.

② 2형식 문장 해석 연습

2형식 문장 해석 연습을 하겠습니다. 2형식 문장은 동사의 종류가 다양하기 때문에 동사별로 해석하는 방법이 약간씩 다릅니다.

> 주어는 보어다.
> 주어는 보어의 상태이다.
> 주어는 보어가 된다.

1. The sky turns gray.	하늘은 회색이 되었다.
2. She looks familiar.	그녀는 친숙하게 보인다.
3. The sand felt rough.	모래는 감촉이 꺼칠꺼칠하다.
4. He is angry with you.	그는 너 때문에 화가 났다.
5. This cake tastes good.	이 케이크는 맛이 좋다.
6. Some astronauts were women.	몇몇 우주비행사들은 여성이었다.
7. The students remained silent.	학생들은 조용한 상태를 유지했다.
8. The spectators look surprised.	관중들은 놀란 것처럼 보인다.
9. Sarah didn't become a teacher.	Sarah는 선생님이 되지 않았다.
10. Trees are essential to our lives.	나무는 우리 삶에 필수적이다.

🔍 중간 정리 ··

1. 1형식 문장은 'S+V'의 형태이며, 부족한 의미는 수식어구(M)로 보충한다.
2. 2형식 문장은 'S+V+C'의 형태이며, be동사, 감각동사가 대표적인 2형식 동사이다.
3. 명사, 형용사가 2형식 문장의 보어 역할을 한다.

3형식 문장

형태: S + V + O

해석: S가 O를 V하다.

3형식 문장은 주어, 동사, 목적어로 만듭니다. 아래 문장들이 3형식입니다. 가장 흔히 볼 수 있는 문장의 형식입니다.

I love you. 나는 너를 사랑한다.

I bought a new car. 나는 새 차를 샀다.

I have a question. 나는 질문이 하나 있다.

① 대표적인 3형식 동사들

3형식 동사의 종류는 정말 많지만, 자주 접할 수 있는 3형식 동사들을 살펴봅니다. 전부 뒤에 '~을(를)'에 해당하는 목적어가 있어야 한답니다.

대표적인 3형식 동사들은 다음과 같다.

study(공부하다), eat(먹다), make(만들다), begin(시작하다), break(부수다), bring(가져오다), build(건설하다), buy(사다), catch(잡다), choose(선택하다), find(찾다), forget(잊다), know(알다), learn(배우다), use(사용하다), explain(설명하다), suggest(제안하다)…

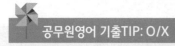

공무원영어 기출TIP: O/X

Q. [2013 지방직 7급] The police squad began to approach on the building.
 (O / X)

A. X [해석] 경찰대가 그 건물에 접근하기 시작했다.
[해설] approach는 3형식 동사입니다. 다음에 바로 목적어가 이어져야 합니다.
따라서 전치사 on을 삭제해야 하는 틀린 문장입니다.

3형식이 영화에서 기가 막히게 활용된 사례가 있습니다. 탐 크루즈 다들 좋아
하시죠? 할리우드에서 가장 잘생긴 배우 중 한 명인 탐 크루즈가 사랑스러움
의 대명사 르네 젤위거와 함께 출연한 〈제리 맥과이어〉에는 이런 대사가 나옵
니다.

"You complete me." "당신은 나를 완성해."

완전 심쿵이죠? 화면을 가득 채운 할리우드 최고의 미남 배우가 이런 대사를
하는 것을 들으면 그야말로 심장이 두근두근합니다. 이 문장은 짧은 3형식 문
장이지만 영화에서 남자 주인공이 여자 주인공에게 자신의 마음을 표현하는
기가 막힌 명대사로 쓰입니다. 주어, 동사, 목적어만으로도 이런 멋진 대사를
완성할 수 있다니 문장의 형식, 점점 욕심나지 않나요?

② 3형식 문장 해석 연습

3형식 해석 연습을 합니다. 3형식 문장은 목적어의 해석에 주의해주세요.

1. I set an alarm clock.	나는 자명종 시계를 맞추었다.
2. My dad washes his car.	나의 아빠는 세차를 하신다.
3. My mom peels an orange.	나의 엄마는 오렌지 껍질을 벗기신다.
4. They drive a sports car.	그들은 스포츠카를 운전한다.
5. He admitted the crime.	그는 범죄를 시인했다.
6. The engineers fixed the bridge.	그 기술자는 다리를 수리했다.
7. Edison invented the light bulb.	Edison은 전구를 발명했다.
8. The tornado destroyed the town.	그 태풍은 마을을 파괴했다.
9. These farmers grow potato.	이 농부들은 감자를 기른다.
10. A man burned the building.	한 남자가 건물을 불태웠다.

4형식 문장

형태: S + V + I.O. + D.O.
해석: S가 I.O.에게 D.O.를 V하다.

4형식 문장은 주어, 동사, 목적어 2개를 이용해서 만듭니다. 2개의 목적어는 간접목적어, 직접목적어입니다. 영어로 간접목적어가 Indirect Object라서 I.O., 직접목적어가 Direct Object라서 D.O. 라고 표시합니다.

① 4형식 수여동사

4형식 동사는 '수여동사'라고 불립니다. 무언가를 준다는 의미의 동사입니다. 우리는 누군가에게 무엇을 수여합니다. 그렇기 때문에 4형식 수여동사 다음에는 누구에게 무엇을 주는지를 밝혀줘야 합니다. '누구'에 해당하는 부분이 간접목적어, '무엇'에 해당하는 부분이 직접목적어입니다. 4형식 수여동사는 다음과 같습니다.

give 주다

give her 그녀에게 주다
　　 간접목적어

give her a flower 그녀에게 꽃을 주다
　　 간접목적어 직접목적어

4형식에 쓰이는 동사들은 수여동사라는 이름처럼 '~주다'라고 해석을 하면 됩니다.

I buy her lunch. 나는 그녀에게 점심을 사준다.
Jay teaches us English. Jay는 우리에게 영어를 가르쳐준다.
He gave the girl a doll. 그는 그 소녀에게 인형을 하나 주었다.

② 4형식 대표 동사들

4형식 대표 동사들도 기왕에 함께 익힙니다. 전부 '~주다'로 마무리를 해주시면 됩니다.

give(주다), send(보내주다), show(보여주다), bring(가져다주다), teach(가르쳐주다), buy(사주다), make(만들어주다), cook(요리해주다), find(찾아주다)…

공무원영어 기출TIP: O/X

Q. [2015 국가직 7급] I'll lend you with money provided you will pay me back by Saturday. (O / X)

A. X [해석] 토요일까지 돈을 갚을 수 있다면 너에게 돈을 빌려줄게.

[해설] 이 문장에서 lend는 4형식 동사입니다. you는 간접목적어이고, money 가 직접목적어입니다. 직접목적어에 with가 있어서 틀린 문장이며, with를 삭제 해야 비로소 올바른 문장이 됩니다. 참고로 provided는 '만약 ~라면'이라는 의 미로 조건을 나타냅니다. I'll lend you money. 이 문장이 4형식 문장인 것을 확 인하고 넘어갑니다.

4형식 문장만 되어도 문장이 꽤 깁니다. 이 문장들을 정확하게 해석하기 위해 서는 '동사'에 집중하는 것이 중요합니다.

4형식 문장의 동사들은 모두 누군가에게 무언가를 준다는 의미가 강합니다. 동사를 바탕으로 뒤에 나올 성분들을 예상하면서 해석하는 연습을 하세요. 동 사를 중심으로 문장들을 해석하는 연습을 하면, 마침내 긴 문장도 정확하게 해 석할 수 있습니다.

한국어 의미만 생각하면 4형식으로 느껴지지만, 3형식인 동사들이 있습니다. 중간에 전치사구가 들어올 수 있지만, 목적어만 이어져야 합니다.

explain	(to대상) 목적어 ※문장성분 아님	(~에게) ~을 설명하다
suggest		(~에게) ~을 제안하다
introduce		(~에게) ~을 소개하다
announce		(~에게) ~을 알리다
propose		(~에게) ~을 제안하다
admit		(~에게) ~을 인정하다
confess		(~에게) ~을 고백하다
say		(~에게) ~을 말하다
mention		(~에게) ~을 언급하다

4형식 동사를 이용한 영화 명대사도 있습니다.

"Show me the money!" "나에게 돈을 보여줘(벌어다줘)!"

'쇼미더머니'라는 말이 특정 TV프로그램 때문에 워낙 유명해졌는데요, 영화 〈제리 맥과이어〉에서 무명의 흑인 미식축구 선수가 주인공 탐 크루즈에게 돈을 많이 벌어 달라는 의미로 이런 말을 합니다. 직역하면 '나에게 돈을 보여 달라' 정도가 되겠네요. 4형식 동사 show를 이용한 문장이랍니다. 간접목적어, 직접목적어가 show 다음에 보이시죠? 〈제리 맥과이어〉는 명작으로 평가되는 만큼 꼭 한 번 보셔도 좋을 것 같네요. 로맨틱 장르라서 일상 대화가 많이 나오고, 탐 크루즈의 정확하고 매력적인 발음, 흑인 운동선수의 흑인 억양과 발음을 모두 경험할 수 있답니다.

③ 4형식 문장 해석 연습

자, 이제 4형식 해석 연습을 하고 갈게요.

> 주어가 간접목적어에게 직접목적어를 - 주다.

1. My friend made me a coffee.	내 친구가 나에게 커피를 만들어주었다.
2. I left her a message.	나는 그녀에게 메시지를 남겼다.
3. He showed them a photograph.	그는 그들에게 사진을 보여주었다.
4. I handed him a piece of paper.	나는 그에게 종이를 한 장 건네주었다.
5. The teacher brings her some food.	선생님은 그녀에게 약간의 음식을 가져다준다.
6. I promised her a delicious dinner.	나는 그녀에게 맛있는 저녁을 약속했다.
7. My brother envies me my success.	내 남동생은 나의 성공을 부러워한다.
8. I sold her a piece of necklace.	나는 그녀에게 목걸이를 팔았다.
9. The woman wishes her a happy birthday.	그 여성은 그녀의 생일을 축하한다.
10. His cousin often showed the visitors the painting.	그의 사촌은 방문객들에게 그림을 종종 보여주었다.

🔍 중간 정리 ┄┄┄┄┄┄┄┄┄┄┄┄┄┄┄┄┄┄┄┄┄┄┄┄┄┄┄┄┄┄┄┄┄┄┄┄

1. 3형식 문장은 'S+V+O'의 형태이다. O는 목적어이다.
2. 4형식 문장은 'S+V+I.O.+D.O.'의 형태이며, 누구에게 무언가를 준다고 해석한다.

5형식 문장

형태: S + V + O + O.C.

해석: S가 O를 C라고 V하다.

S가 O를 C한 상태라고 V하다.

S가 O가 C하는 것을 V하다.

5형식 문장은 5가지 형식 중에서 가장 어렵습니다. 문장의 재료를 모두 이용해서 만든 문장이기도 하고, 형태가 다양하기 때문에 해석이 까다롭습니다. 끝판왕이라고 생각하고, 용기를 내어 도전하기 바랍니다.

Q. 5형식 문장은 왜 어렵나요?

A. 문장의 1~4형식은 문장의 형태가 어느 정도 고정되어 있습니다. 그래서 3형식 문장 하나를 해석할 수 있으면 다른 3형식 문장도 해석할 수 있습니다. 다음 두 문장은 모두 3형식입니다. 형태가 비슷한 만큼 해석도 비슷하게 할 수 있습니다.

I bought a car. 나는 차를 한 대 샀다.
I have a question. 나는 질문이 하나 있다.

하지만 5형식 문장은 형태가 굉장히 다양합니다. 그 다양함의 원인은 목적격보어입니다. 목적격보어가 생김새도 해석도 다양하기 때문에 해석이 어렵습니다. 목적격보어를 중심으로 다양한 5형식 문장에 적응해야 합니다. 다음에 이어지는 내용들에서 다양한 목적격보어를 알아보겠습니다.

5형식 문장의 목적격보어

5형식 문장을 정복하기 위해서는 목적격보어를 잡아야 합니다. 목적격보어는 형태가 대략 5~6가지 정도입니다. 지금부터 다양한 형태의 목적격보어에 대해 살펴보겠습니다.

① 형용사 목적격보어

형용사가 목적격보어로 쓰일 때는 목적어의 상태나 성질을 보충 설명합니다.

S + V + O + 형용사

He made his mom happy. 그는 그의 어머니를 행복하게 만들었다.

(그의 어머니의 상태가 행복합니다.)

동사와 함께 느낌을 잡아주세요.

make		~하게 만들다
keep		~한 상태를 유지하다
leave		~한 상태로 남겨두다
find	목적어 + 형용사	~한 것을 알게 되다
drive		~되게 만들다
turn		~되게 하다

Q. [2011 국가직 9급] The Aztecs believed that chocolate made people intel-

ligent. (O / X)

A. O [해석] 아즈텍인들은 초콜릿이 사람들을 총명하게 만든다고 믿었다.

[해설] that이하에서 made는 5형식 동사, people은 목적어, intelligent는 목적격

보어입니다. 형용사가 목적격보어로 쓰인 올바른 문장입니다.

② 명사 목적격보어

명사가 목적격보어로 쓰이면 목적어와 목적격보어인 명사는 같은 대상입니다.

S + V + O + 명사

He named his dog Jay. 그는 그의 개를 Jay라고 이름 지었다.

(그의 개와 Jay는 같은 대상을 가리킵니다.)

명사 목적어와 목적격보어는 형태가 같지 않아도 같은 대상을 가리킵니다. 조
금 더 연습해볼게요.

We call him Jay. 우리는 그를 Jay라고 부른다.

The movie made her a star. 그 영화는 그녀를 스타로 만들었다.

이제 감이 오시나요? 5형식 문장은 목적어와 목적격보어를 연결해서 해석하
는 것이 중요합니다.

항상 동사와 함께 익혀주세요.

call		～라고 부르다
name		～라고 이름 짓다
elect		～로 선출하다
choose		～로 선택하다
appoint	목적어 + 명사	～로 임명하다
think		～로 생각하다
believe		～로 믿다
consider		～라고 여기다
suppose		～라고 가정하다
make		～로 만들다

③ to부정사 목적격보어

to부정사가 목적격보어에 쓰이는 경우도 많습니다. 이때는 목적어가 to부정사의 동작을 한다고 생각하면 됩니다.

S + V + O + toV

I want you to eat slowly. 나는 네가 천천히 먹기를 원한다.

(you가 eat이라는 동작을 합니다.)

영어에서 정말 많이 사용되는 형태입니다.

cause		~야기하다
require		~요구하다
order		~명령하다
enable		~가능하게 하다
encourage		~권장하다
expect		~기대하다
ask	목적어 + to부정사	~요청하다
allow		~허용하다
advise		~조언하다
force		~강요하다
compel		~강요하다
oblige		~강요하다
persuade		~설득하다
permit		~허용하다

④ 동사원형 목적격보어

'to부정사 목적격보어'와 크게 다르지 않습니다. 다만 동사가 사역동사, 지각 동사일 경우에는 목적격보어의 to부정사에서 to를 떼어야 한다는 문법이 있습니다. 그래서 목적격보어에 동사원형이 위치하게 되는 것이죠.

My mom made me brush my teeth. 나의 엄마가 내가 이를 닦도록 시켰다.
(me가 brush라는 동작을 합니다. 사역동사 made 때문에 to brush가 아닌 brush를 사용합니다.)

Q. 사역동사와 지각동사는 뭐죠?

A. 영문법을 공부하면서 사역동사, 지각동사라는 말을 많이 들어보셨을 겁니다. '사역'은 '사람을 부려서 일을 시킴'을 뜻합니다. make, have, let이 대표적인 사역동사입니다. 엄마가 자녀에게 심부름을 시키듯이 주어가 목적어에게 목적격보어하게 만든다는 뜻입니다. 목적격보어의 특징에 따라서 적절하게 사역의 의미를 넣어 해석합니다.

I made her happy. 내가 그녀를 행복하게 만들었다.
I'll let you go after 7. 내가 7시 이후에 너를 보내줄게.
She had him fix the copy machine. 그녀는 그가 복사기를 수리하도록 만들었다.

지각동사는 인간의 감각을 이용해서 무언가를 인식하는 것을 나타내는 동사들입니다. '보다, 듣다, 냄새 맡다, 느끼다'와 같은 동사들이 지각 동사입니다. 영어로는 see, watch, hear, listen to, smell, feel, notice(알아차리다) 등이 지각동사입니다.

I saw my mom make some cookies. 나는 엄마가 쿠키를 만드는 것을 보았다.
We heard her sing in the classroom. 우리는 그녀가 교실에서 노래 부르는 것을 들었다.
I felt something crawl up my arm. 나는 무언가가 내 팔을 기어 올라오는 것을 느꼈다.

⑤ 동사ing 목적격보어

지각동사의 목적격보어로 동사ing를 자주 사용합니다. 동사ing는 목적어가 그 동작을 생생하게 하고 있다는 뜻입니다.

I heard her singing a song. 나는 그녀가 노래 부르고 있는 것을 들었다.
(her이 sing이라는 동작을 생생하게 진행하고 있어 singing의 형태로 표현했습니다.)

⑥ p.p. 목적격보어

목적어와 목적격보어의 관계가 수동일 때는 동사의 p.p.형태를 사용합니다. 이 부분은 시험 문제로도 흔히 활용됩니다. 아래 문장의 목적어와 목적격보어의 관계를 주목하세요.

I heard my name called. 나는 내 이름이 불리는 것을 들었다.
(목적어인 my name은 call이라는 동사의 행위를 수동적으로 당하고 있습니다. 그래서 p.p. 형태를 사용합니다.)

자, 여기까지가 5형식 문장의 목적격보어의 형태들입니다. 엄청나게 많아 보이지만, 6가지가 전부랍니다. 잠시 머리를 식힐 겸, 멋진 영화 명대사 하나 보고 갈게요.

"You make me want to be a better man."
"당신은 내가 더 좋은 사람이 되고 싶도록 만듭니다."

한국에서는 〈이보다 더 좋을 순 없다〉라는 제목으로 개봉한 이 작품은 개인적으로 참 재미있게 봤던 영화입니다. 강박증에, 뒤틀린 성격을 가진 멜빈 유달(잭 니콜슨)은 모두에게 나쁜 사람이지만, 식당의 웨이트리스로 일하는 캐롤 코넬리(헬렌 헌트)에게만은 좋은 사람이고 싶습니다. 괴팍한 성격의 한 남자가 사랑하는 사람을 위해서 조금씩 변하려고 노력하는 과정이 잔잔한 감동을 주는 영화입니다.

주인공 잭 니콜슨은 용기를 내어 위와 같은 명대사를 헬렌 헌트에게 하죠. 5형식 사역동사 make가 사용되었고, 목적어는 me, 목적격보어로 to가 없는 want가 쓰였답니다. 완벽한 5형식 문장을 이용해서 주인공의 마음을 100% 표현한 영화사에 길이 남을 명대사입니다.

이제 5형식 문장까지 모든 공부를 마쳤습니다. 어떤 영어 문장이라도 5형식 중 하나에 속하기 때문에 충분히 해석할 수 있습니다. 이 자신감을 바탕으로 영화 명대사를 하나 더 볼게요.

"Keep your friends close, but your enemies closer."
"너의 친구들을 가깝게 둬라, 그러나 너의 적은 더 가깝게 둬라."

알 파치노와 로버트 드 니로라는 믿고 보는 할리우드 최고의 명배우들이 젊은 시절 출연했던 〈대부2〉의 명대사입니다. 〈대부2〉는 1974년도 작품이지만 현재까지도 최고의 영화, 최고의 명대사를 선정할 때에 반드시 등장합니다.

지금 보아도 크게 어색하지 않은 이 영화에는 곱씹어볼수록 무서운 내용을 담고 있는 위의 대사가 등장하죠. 5형식 동사 keep, 목적어 friends, 목적격보어로 형용사인 close를 사용했습니다. closer은 이후에 우리가 배울 내용인데, 형용사 close(가까운)의 비교급으로서 '더 가까운'이라는 의미를 나타냅니다. 대부가 되기 위해서는 친구는 가깝게 유지하고, 적은 더 가깝게 유지해야겠죠.

⑦ 5형식 문장 해석 연습

자, 그럼 이제 연습할 시간이죠? 목적격보어의 형태에 유의해서 5형식 문장들

을 해석해보세요.

> 주어는 목적어가 목적격보어라고 동사한다.
> 주어가 목적어가 목적격보어하도록 동사한다.

1. My friends call me Jay.

나의 친구들은 나를 Jay라고 부른다.

2. I saw her dancing at night.

나는 그녀가 밤에 춤추는 것을 보았다.

3. I named my puppy Happy.

나는 나의 애완견을 Happy라고
이름지었다.

4. My mom made me study English.

나의 엄마는 내가 영어를 공부하도록
만들었다.

5. I found the movie interesting.

나는 그 영화가 흥미롭다는 것을
알게 되었다.

6. I saw Penny enter the building.

나는 Penny가 빌딩에 들어가는 것을
보았다.

7. My teacher got his arm broken
   yesterday.

나의 선생님은 어제 팔이 부러졌다.

8. Did you find the math exam
   difficult?

너는 수학 시험이 어렵다고 느꼈니?

9. The noise from the party kept
   me awake all night.

파티로부터 나오는 소음은 내가 밤새
깨어 있도록 했다.

10. Dad allowed my sister to go to
    the concert.

아빠는 나의 여동생이 콘서트에 가도록
허락하셨다.

1. 5형식 문장은 'S+V+O+C'의 형태이며, 목적격보어의 형태에 따라서 적절하게 해석을 해야 한다.
2. 목적격보어는 명사, 대명사, 형용사, to부정사, 동사원형, 동사ing, p.p.의 형태가 가능하다.

Day 01의 중요 개념들은 모두 마스터하셨습니다. 마무리하면서 시험에 자주 활용되는 보너스 개념을 알려드립니다.

자동사와 타동사

공무원 영어에서 '자동사/타동사'의 개념은 정말 중요합니다. 지금까지 배운 내용을 이용하면, 한 번에 이해 가능합니다. 영어의 동사는 크게 '완전/불완전', '자동사/타동사'로 나누어집니다. 먼저 완전/불완전의 개념은 '보어'의 유무로 결정됩니다. 보충(보어)을 해줘야 하는 동사는 불완전합니다. 완전한 동사는 보충(보어)을 해주지 않아도 됩니다.

① 완전동사 vs. 불완전동사

완전동사 → 완전하니까 보어 필요 없음
ex) I go. (완전동사)

불완전동사 → 불완전하니까 보어 필요함
ex) I am a boy. (불완전동사)

자동사와 타동사는 '목적어'와 관련이 있습니다. 혼자서 '자'율적으로 할 수 있다면 목적어의 도움이 필요 없습니다. '자'동사는 목적어가 필요 없습니다. '타'인의 힘을 빌려야 한다면 목적어가 필요합니다. '타'동사는 목적어가 필요합니다.

② 자동사 vs. 타동사

자동사 → 목적어 필요 없음
ex) I <u>swim</u> in the pool. (자동사)

타동사 → 목적어 필요함
ex) I <u>play</u> the guitar. (타동사)

이제 문장의 형식과 '완전/불완전', '자/타동사'의 개념을 합칩니다. 1형식 동사를 예로 들어볼게요.

1형식 문장: S+V
보어 필요 없으니 '완전'
목적어 필요 없으니 '자동사'
따라서 1형식 동사는 '완전자동사'

문장의 5형식의 동사들을 정리하면 다음과 같습니다. 보어와 목적어가 있는지를 잘 따져보면서 하나씩 정리하면 충분히 이해하실 수 있을 겁니다. 외우는 것이 아니라 이해하는 개념이라는 것을 기억하세요.

③ 문장의 5형식의 동사들

1형식 문장: S+V (완전자동사)

2형식 문장: S+V+C (불완전자동사)

3형식 문장: S+V+O (완전타동사)

4형식 문장: S+V+O+O (완전타동사)

5형식 문장: S+V+O+C (불완전타동사)

 공무원영어 기출TIP: 타동사로 착각하기 쉬운 자동사

자동사는 목적어를 취하지 않아요. 하지만 전치사와 함께 쓰면 의미적으로 목적어
를 가질 수 있습니다. 아래 동사들은 처음부터 전치사와 함께 외워주세요.

interfere with ~을 방해하다

sympathize with ~을 동정하다

look for ~을 찾다

account for ~을 설명하다

arrive at ~에 도착하다

object to ~에 반대하다

apologize to ~에 사과하다

reply to ~에 응답하다

타동사는 전치사와 함께 쓰지 않습니다. 아래 동사들은 한국말로는 전치사가 있어야 할 것 같지만 타동사이기 때문에 전치사를 사용하지 않습니다.

nerve for ~에 용기를 북돋우다
sustain for ~을 지탱하다
marry with ~와 결혼하다
resemble with ~와 닮다
accompany with ~와 동행하다
approach to ~에 접근하다

공무원영어 기출TIP: 동사숙어

deprive A of B	A로부터 B를 빼앗다
equate A with B	A를 B에 동일시하다
expose A to B	A를 B에 노출시키다
force A into B	A를 B하게 강요하다
prefer A to B	B보다 A를 선호하다
sacrifice A to/for B	A를 B를 위해서 희생하다
show A to B	A를 B에게 보여주다
take A for B	A를 B에 대한 대가로 받다

Q1. [2011 서울시 9급] We noticed them to come in. (O / X)

Q2. [2014 지방직 7급] I can't get that child to go to bed. (O / X)

Q3. [2015 국가직 9급] He had his political enemies imprisoned. (O / X)

Q4. [2009 지방직(하반기)7급] I want to have this letter sent by express mail.
(O / X)

Q5. [2014 기상직 9급] Mrs. Johns made the room cleaned by her daughter.
(O / X)

Q6. [2008 지방직 9급] I won't have my students arriving late for class. (O / X)

Q7. [2015 지방직 7급] Tom got his license taken away for driving too fast.
(O / X)

Q8. [2009 국가직 7급] As the method didn't work, I had the students repeat
after me. (O / X)

Q9. [2015 국가직 9급] She wants her husband to buy two dozen of eggs on
his way home. (O / X)

A1. X (to come → come) [해석] 우리는 그들이 들어오는 것을 알았다.
[해설] notice는 5형식 지각동사이기 때문에 목적격보어에 동사원형 come을 사
용합니다.
A2. O [해석] 나는 저 아이를 재울 수가 없다.
[해설] get동사도 5형식 사역동사입니다. 특이한 점은 make, have, let과는 다르
게 목적격보어에 'to동사' 형태를 사용합니다.
A3. O [해석] 그는 자신의 정적들을 투옥시켰다.
[해설] 사역동사 have가 쓰인 5형식 문장입니다. imprison은 '투옥하다'라는 의
미입니다. 목적어와 목적격보어의 관계가 수동 관계이기 때문에 목적격보어에

p.p.형태를 사용한 맞는 문장입니다.

A4. O [해석] 나는 이 편지를 속달 우편으로 발송하고 싶다.

[해설] 사역동사 have가 쓰인 문장입니다. 목적어인 letter과 send동사의 관계가 수동이기 때문에 p.p형태인 sent를 사용했습니다.

A5. O [해석] Johns 부인은 딸에게 그 방을 청소하도록 시켰다.

[해설] 사역동사 make가 쓰인 문장입니다. 목적어인 the room은 청소를 당하는 입장이기 때문에 p.p.형태로 수동의 의미를 나타낸 올바른 문장입니다.

A6. O [해석] 나는 학생들이 수업 시간에 지각하도록 내버려 두지 않겠다.

[해설] have는 사역동사입니다. 목적어가 목적격보어하도록 '허용'한다는 의미일 때는 목적격보어에 동사ing 형태를 사용할 수 있습니다.

A7. O [해석] Tom은 과속으로 면허를 빼앗겼다.

[해설] 목적어인 운전면허는 take라는 동작을 수동적으로 당합니다. 그래서 수동의 의미를 담은 p.p형태인 taken을 사용했습니다.

A8. O [해석] 그 방법이 통하지 않았기 때문에 나는 학생들에게 나를 따라 반복하도록 했다.

[해설] 사역동사 had의 목적격보어로 동사원형인 repeat가 올바르게 쓰였습니다.

A9. O [해석] 그녀는 남편이 집으로 오는 길에 달걀 열두 개짜리 두 판을 사가지고 오기를 원한다.

[해설] 5형식 동사 want가 쓰였습니다. 목적격보어에 to buy가 적절하게 쓰인 올바른 문장입니다.

DAY 01에서는 단어에서 시작해서 문장을 만드는 과정까지를 살펴봤습니다. 영어의 단어들은 8품사 중 하나의 특성을 가지게 됩니다. 명사, 동사, 형용사, 부사, 대명사, 감탄사, 접속사, 전치사가 그것이었습니다. 단어들은 품사에 따라서 문장에서 주어, 동사, 목적어, 보어의 역할을 할 수 있습니다. 명사와 대명사는 주어, 목적어, 보어의 역할을 하고, 동사는 동사, 형용사는 보어의 역할을 합니다. 그 외의 4개의 품사는 문장의 주요 성분은 아니지만 문장의 의미를 풍부하게 하는 보조 역할을 합니다.

문장의 주요 재료인 주어, 동사, 목적어, 보어를 이용해서 5가지 요리법에 따라 문장을 만드는 것을 문장의 5형식이라고 합니다. 동사는 보어의 유무에 따라 완전/불완전이 결정되고 목적어의 유무로 자동사/타동사가 결정됩니다. 이를 정리하면 다음과 같았죠.

1형식 문장: S+V (완전자동사)

2형식 문장: S+V+C (불완전자동사)

3형식 문장: S+V+O (완전타동사)

4형식 문장: S+V+O+O (완전타동사)

5형식 문장: S+V+O+C (불완전타동사)

문장을 정확하게 해석하기 위해서는 형식에 맞게 해석을 해야 합니다. 문장의 형식은 동사가 결정하기 때문에 각 형식을 대표하는 동사를 익히는 것은 중요합니다.

문장의 5형식까지 정리가 되었다면 영문법의 뼈대를 완성한 겁니다. 애초에 영문법을 공부하는 가장 큰 목적이 '문장을 해석'하는 것이기 때문에 DAY 01에서 배운 내용이 가장 중요합니다. 처음에는 형식을 생각하면서 해석을 한다는 것이 불편하게 느껴지겠지만, 이것이 자연스러워지면 정확하고도 빠르게 해석을 할 수 있으니 많은 문장들을 동사에 주목하면서 형식을 생각하며 해석하는 연습을 충분히 하시기 바랍니다.

기초가 없다면 더욱 강좌나 교재 선택이 중요합니다.
이 책 차례의 순서대로 열심히 읽어 나가면,
차곡차곡 공무원 영어를 위한 영문법 실력이 쌓일 겁니다.

영어 문장을 해석하기 위해서 동사가 가장 중요합니다. 주어가 어떤 상태에 있고, 어떤 동작을 하느냐가 문장에서 가장 중요한 정보니까요. 독해를 할 때도 동사를 잡으면 정확하게 문장을 해석할 수 있습니다. 다만 동사를 우리가 eat, play, study 같은 기본 형태로 활용하는 경우는 별로 없습니다. '공부하다'라는 동사가 기본이라면, 아래와 같이 다채롭게 변형해서 상황이나 맥락에 맞게 사용합니다.

공부했다

공부를 하고 있는 중이다

공부를 해왔다

혹시 요리를 해보셨나요? 요리를 할 때 간장, 설탕, 고추장 정도의 양념이 있으면 웬만한 요리를 다 만들 수 있습니다. 동사도 마찬가지로 딱 3가지 양념만 있으면 됩니다.

주재료: 동사

3가지 양념: 12시제, 태, 조동사

이번에는 밋밋한 동사에 3가지 양념을 더해 생생함을 불어 넣는 작업을 해 봅니다. 정확한 독해를 위해서도 중요하고, 실생활에서 영어를 제대로 사용하기 위해서도 중요한 동사의 활용을 시작합니다.

DAY 02
동사 정복하기: 시제

DAY 02
과거·현재·미래 시제

12시제

시제는 동사가 언제 어떻게 동작을 하는지 알려줍니다. 현재, 과거, 미래의 시간 중에서 어떤 시간에 어떻게 그 동작을 하고 있는지 알려주는 거죠. 영어에는 총 12개의 시제가 있습니다. 12개를 외우지 않고, 2개의 개념만 제대로 익히면 영어의 12시제를 모두 익힐 수 있습니다.

우리는 기본적으로 '과거, 현재, 미래'라는 3개의 시제를 알고 있습니다.

여기에 '진행 시제, 완료 시제'라는 2개의 시제를 더합니다.

이 시제들을 합쳐보면, 12개의 시제가 완성이 됩니다. 다음 표를 보세요.

	❶진행	❷완료	❸완료진행
과거	과거진행	과거완료	과거완료진행
현재	현재진행	현재완료	현재완료진행
미래	미래진행	미래완료	미래완료진행

어둡게 표시한 부분이 동작이 언제 어떻게 일어나는지를 알려주는 12개의 시제, 즉 12시제입니다.

❶번 진행 시제는 우리가 잘 알고 있는 '진행'의 느낌을 더해주는 시제입니다. '~하고 있는 중이다'라는 느낌을 전달하죠.

❷번 완료 시제는 다소 어렵습니다. 잠시 후에 다룹니다.

❸번 완료진행 시제는 진행과 완료 시제를 제대로 익히면 따로 배울 것이 없습니다. 짜파게티랑 너구리라는 라면을 합친 요리가 있는 거 아시죠? 각각을 먹어봤으면 합쳤을 때의 느낌도 대략 감이 옵니다. 면발이 두툼하면서도 짜장의 짭잘함과 너구리의 매콤한 맛이 합쳐져 있겠죠? 완료 시제와 진행 시제의 느낌을 합친 것이 완료진행 시제입니다.

먼저 기본이 되는 과거 · 현재 · 미래 시제를 가볍게 알아본 후에 이어서 진행, 완료를 집중적으로 배워봅니다.

현재 시제

현재 시제는 우리가 가장 기본적으로 알고 있는 동사의 원형을 사용해서 나타냅니다. 현재 시제는 '현재'의 일을 다룰 때뿐만 아니라 몇 가지 다른 쓰임을 가지고 있습니다. 따로 외울 것은 없고, 한 번만 내용에 공감해주시면 됩니다.
현재 시제에 대해 살펴보겠습니다.

① 현재 시제의 의미

1. 불변의 진리

The sun rises in the east. 태양은 동쪽에서 뜬다.

Plants die without water. 식물은 물이 없으면 죽는다.

2. 현재의 지속적인 상태

I am married. 나는 결혼했다.

She has three children. 그녀는 3명의 아이들을 가지고 있다.

I don't like mushrooms. 나는 버섯을 좋아하지 않는다.

3. 습관

I get up early. 나는 일찍 일어난다

I play tennis every Tuesday. 나는 매주 화요일 테니스를 친다.

At the weekend, we usually go to the market. 주말에 우리는 주로 시장에 간다.

4. 미래

출발하고, 도착하는 느낌을 가진 동사들(go, come, leave, arrive, depart…)은 미래의 의미를 가진 표현들(내일, 오늘 오후)과 함께 쓰여서 현재 시제로 표현해도 미래의 의미를 나타낼 수 있습니다.

School begins at nine tomorrow. 학교는 내일 9시에 시작할 것이다.

Our train leaves at eleven. 우리 기차는 11시에 떠난다.

What time does the film start? 몇 시에 영화는 시작하니?

어떤가요? 현재 시제로 다양한 느낌들을 낼 수 있죠?

그럼, 이번에는 현재 시제를 부정문과 의문문으로 만들어보겠습니다. 동사를 제대로 활용하기 위해서는 부정문과 의문문을 만드는 것이 그 무엇보다도 기본이랍니다.

② be동사의 현재 시제

기본: am, are, is
부정문: am not, are not(aren't), is not(isn't)
의문문: Am/Are/Is + 주어

You are a student. 너는 학생이다.
You are not a student. 너는 학생이 아니다.
Are you a student? 너는 학생이니?

③ 일반 동사의 현재 시제

기본: 동사의 원형(eat, sleep, study…)
부정문: do not(don't), does not(doesn't) + 동사원형
의문문: Do/Does + 주어 + 동사원형

I like pizza. 나는 피자를 좋아한다.
I don't like pizza. 나는 피자를 좋아하지 않는다.
Do you like pizza? 너는 피자를 좋아하니?

Q. 3인칭 단수가 뭐죠? 외워야 하는 개념인가요?

A. 문장에서 주어가 3인칭 단수냐 아니냐에 따라서 동사를 활용하는 방법이 달라지기 때문에 '3인칭 단수'는 영문법의 핵심 개념입니다. 영어에서는 말하는 나(I)는 1인칭, 내 말을 듣는 너(you)는 2인칭, 그리고 나와 너를 제외한 이 세상의 모든 것은 3인칭입니다. 단수는 1개, 복수는 2개 이상을 말합니다. 따라서 3인칭 단수는 나와 네가 아닌 3인칭들 중에서 하나인 것을 말합니다. he, she, it, this 같은 것들이 3인칭 단수입니다. 지금 주변을 둘러보세요. 1개 또는 1명이 보인다면, 모두 3인칭 단수입니다.

주어가 3인칭 단수가 아닐 때 일반동사의 현재 시제는 다음과 같습니다.

I like music. (동사를 원형 그대로 사용합니다.)
I don't like music. (do not으로 부정을 합니다.)
Do you like music? (do를 사용합니다.)

주어가 3인칭 단수일 때 일반동사의 현재 시제는 다음과 같습니다.

He likes music. (동사에 s/es를 붙여줍니다.)
He doesn't like music. (does not으로 부정을 합니다.)
Does he like music? (does를 사용합니다.)

살짝 헷갈리죠? 이럴 때는 연습이 필요합니다. 주어의 3인칭 단수 여부를 생각한 후 아래 괄호 안에서 알맞은 것을 고르세요.

1. Jimmy (like / likes) taking a walk.
2. Sujin (drink / drinks) a cup of coffee.
3. Jason (drive / drives) a car.
4. You (have / has) a talent for music.
5. Water (consist / consists) of hydrogen and oxygen.

정답은 다음과 같습니다.

1. likes (Jimmy는 3인칭 단수) Jimmy는 산책을 좋아한다.
2. drinks (Sujin은 3인칭 단수) Sujin은 커피 한 잔을 마신다.
3. drives (Jason은 3인칭 단수) Jason은 차를 운전한다.
4. have (you는 2인칭 단수) 너는 음악에 재능이 있다.
5. consists (water은 3인칭 단수) 물은 수소와 산소로 구성된다.

과거 시제

동사의 과거 시제는 과거에 일어난 일에 대해서 이야기할 때 사용합니다. 어제 밤의 일, 조선 시대에 일어난 일 등을 과거 시제로 나타낼 수 있습니다. 동사가 기본적으로 be동사, 일반 동사, 조동사의 3가지 종류가 있는데 조동사는 나중에 따로 배울 거라서 be동사, 일반 동사의 과거 형태를 알아봅니다.

① be동사의 과거 시제

be동사의 현재 형태는 'am, are, is'입니다. 과거 시제는 딱 2개입니다. was, were! 이 2개의 동사를 주어에 맞게 사용하면 됩니다.

기본: was, were
부정문: was not / were not (wasn't / weren't)
의문문: Was / Were + 주어

② be동사의 과거 시제 활용

기본: I was cold. 나는 추웠다.
부정문: I was not(wasn't) cold. 나는 춥지 않았다.
의문문: Was I cold? 나는 추웠니?

자, 연습해보죠. 주어를 보고 알맞은 be동사의 과거형을 넣어주세요.

1. The boy (was / were) tall.
2. The pie (was / were) really delicious.
3. My uncle (was / were) a fire fighter.
4. Hojin and Sumi (was / were) my friends.
5. My mom (was / were) tired on weekends.

정답을 확인하세요.

1. was (그 소년은 키가 컸다.)

2. was (그 파이는 정말 맛있었다.)

3. was (나의 삼촌은 소방관이었다.)

4. were (호진이와 수미는 나의 친구들이었다.)

5. were (나의 엄마는 주말마다 지치셨다.)

③ 일반 동사의 과거 시제

일반 동사의 과거 시제는 규칙적으로 변하는 것이 있고 불규칙적으로 변하는 것이 있습니다. 일단 규칙적으로 변하는 것부터 볼게요.

일반 동사 과거 시제의 규칙 변화는 다음과 같습니다.

대부분의 경우 : 동사원형 + ed   ex) work → worked

e로 끝나는 동사 : 동사원형 + d   ex) die → died

자음 + y로 끝나는 경우 : y를 i로 고치고 ed   ex) study → studied

모음 + y로 끝나는 경우 : 동사원형 + ed   ex) enjoy → enjoyed

단모음 + 단자음인 경우 : 마지막 자음을 한 번 더 쓰고 + ed   ex) stop → stopped

솔직히 일반 동사는 외워야 합니다. 각각의 동사들의 과거형에 익숙해져야 합니다. 원칙으로 시작하지만, 결국 외울 때까지 계속 연습해야 합니다.

일반 동사의 과거 시제의 불규칙 변화는 다음과 같습니다.

일반 동사의 불규칙 변화는 암기를 해야 합니다. 원래 외국어를 배운다는 것은 암기가 많은 부분을 차지합니다. 과거형과 더불어서 '과거분사'라는 형태도 함께 외워둬야 합니다. 과거분사는 영어로 past participle, 줄여서 p.p.라고 부릅니다. 곧 배우게 되는 수동태, 완료시제, 분사 등에서 활용되기 때문에 지금 외워둬야 합니다.

'불규칙하게 변하는 일반 동사의 과거형 100'을 다음 표로 일목요연하게 정리
했습니다.

	뜻	현재	과거	과거분사(p.p.)
1	일어나다	arise	arose	arisen
2	~이다/~되다/~있다	be동사—am, is	was	been
3	~이다/~되다/~있다	be동사—are	were	been
4	(아이를)낳다/참다	bear	bore	born
5	~되다	become	became	become
6	시작하다	begin	began	begun
7	묶다	bind	bound	bound
8	물다	bite	bit	bitten
9	불다	blow	blew	blown
10	부수다/깨뜨리다	break	broke	broken
11	가져오다	bring	brought	brought
12	(건물)짓다/건설하다	build	built	built
13	사다	buy	bought	bought
14	~할 수 있다	(조동사) can	could	X
15	던지다	cast	cast	cast
16	잡다	catch	caught	caught
17	선택하다	choose	chose	chosen
18	오다	come	came	come
19	비용이 들다	cost	cost	cost
20	베다/자르다	cut	cut	cut
21	(땅을)파다	dig	dug	dug

22	~을 하다	do/does	did	done
23	끌다/그리다	draw	drew	drawn
24	마시다	drink	drank	drunk
25	운전하다	drive	drove	driven
26	먹다	eat	ate	eaten
27	떨어지다	fall	fell	fallen
28	느끼다	feel	felt	felt
29	싸우다	fight	fought	fought
30	발견하다	find	found	found
31	날다	fly	flew	flown
32	잊어버리다	forget	forgot	forgotten
33	용서하다	forgive	forgave	forgiven
34	얼다	freeze	froze	frozen
35	얻다/사다	get	got	got/gotten
36	주다	give	gave	given
37	가다	go	went	gone
38	자라다	grow	grew	grown
39	매달다/걸다	hang	hung/hanged	hung/hanged
40	가지다	have/has	had	had
41	듣다	hear	heard	heard
42	숨다	hide	hid	hid/hidden
43	때리다/치다	hit	hit	hit
44	붙잡다	hold	held	held
45	다치다	hurt	hurt	hurt
46	지키다/간직하다	keep	kept	kept
47	알다	know	knew	known
48	놓다/(알을)낳다	lay	laid	laid

49	이끌다/지도하다	lead	led	led
50	떠나다/남겨두다	leave	left	left
51	빌리다	lend	lent	lent
52	시키다	let	let	let
53	눕다	lie	lay	lain
54	(경기에)지다/잃다	lose	lost	lost
55	만들다	make	made	made
56	~해도 좋다/ ~일지도 모른다	(조동사) may	might	X
57	~을 의미하다	mean	meant	meant
58	만나다	meet	met	met
59	실수하다	mistake	mistook	mistaken
60	(돈을)지불하다	pay	paid	paid
61	두다/놓다/넣다	put	put	put
62	읽다	read	read	read
63	(말, 자전거 등을)타다	ride	rode	ridden
64	(벨이)울리다	ring	rang	rung
65	오르다	rise	rose	risen
66	달리다	run	ran	run
67	말하다	say	said	said
68	보다	see	saw	seen
69	찾다/추구하다	seek	sought	sought
70	팔다	sell	sold	sold
71	보내다	send	sent	sent
72	놓아두다/차리다	set	set	set
73	흔들다	shake	shook	shaken
74	~일 것이다	(조동사) shall	X	should

75	빛나다	shine	shone	shone
76	쏘다	shoot	shot	shot
77	보여주다	show	showed	showed/shown
78	닫다	shut	shut	shut
79	노래하다	sing	sang	sung
80	가라앉다/침몰하다	sink	sank	sunk
81	앉다	sit	sat	sat
82	잠자다	sleep	slept	slept
83	냄새가 나다	smell	smelt/smelled	smelt/smelled
84	말하다	speak	spoke	spoken
85	(돈, 시간을)소비하다	spend	spent	spent
86	일어서다	stand	stood	stood
87	훔치다	steal	stole	stolen
88	치다	strike	struck	struck
89	헤엄치다	swim	swam	swum
90	가지다	take	took	taken
91	가르치다	teach	taught	taught
92	찢다/눈물흘리다	tear	tore	torn
93	말하다	tell	told	told
94	생각하다	think	thought	thought
95	던지다	throw	threw	thrown
96	이해하다	understand	understood	understood
97	입다	wear	wore	worn
98	~일 것이다	(조동사) will	would	X
99	이기다	win	won	won
100	쓰다	write	wrote	written

lie	lied	lied	거짓말하다
lie	lay	lain	누워있다, 있다, 존재하다
lay	laid	laid	낳다, 놓다
leave	left	left	~을 떠나다

④ 일반 동사 과거의 부정문과 의문문

일반 동사 과거형의 부정과 의문은 주어의 3인칭 단수 여부에 따른 변화가 없습니다.

부정문: did not(didn't) + 동사원형
의문문: (의문사) did + 주어 + 동사원형

I didn't do my homework. 나는 숙제를 하지 않았다.
Did you do your homework? 너는 숙제를 했니?
He didn't get up early in the morning. 그는 아침에 일찍 일어나지 않았다.
Did he get up early in the morning? 그는 아침에 일찍 일어났니?

미래 시제

미래 시제는 앞으로 다가올 미래의 일을 나타냅니다. 다음과 같이 2가지 형태로 미래를 표현할 수 있습니다.

① 동사의 미래 시제 will

기본: will + 동사원형

I will('ll) meet him later. 나는 그녀를 나중에 만날 것이다.

It will('ll) rain tomorrow. 내일 비가 올 것이다.

부정문: will not(won't) + 동사원형

I will not(won't) go to school. 나는 학교에 가지 않을 것이다.

It will not(won't) snow tomorrow. 내일 눈이 오지 않을 것이다.

의문문: Will + 주어 + 동사원형

Will you come early? 너는 일찍 올 거니?

Will it be cold tomorrow? 내일 추울까?

② 동사의 미래 시제 be going to

기본: am/are/is going to + 동사원형

(be동사는 주어에 맞게 선택해서 써줘야 합니다.)

I'm going to go to the library tomorrow. 나는 내일 도서관에 갈 것이다.

He's going to come to my house tomorrow. 그는 내일 우리 집에 올 것이다.

부정문: am/are/is not going to + 동사원형

I'm not going to go to the cinema tonight. 나는 오늘밤 영화를 보러 가지 않을 것이다.

He's not going to come back. 그는 돌아오지 않을 거야.

의문문: am/are/is + 주어 + going to + 동사원형

Are you going to stay home? 너는 집에 계속 있을 거야?

Is he going to buy a new computer? 그는 새로운 컴퓨터를 살 거야?

Q. will과 be going to는 뭐가 다른가요?

A. will과 be going to를 교과서에서는 구별하지 않습니다. 하지만 그 느낌은 다소 다를 수 있습니다. will은 계획되지 않은 일에 대해서 말할 때 사용하고, be going to는 말하기 전에 이미 계획된 일에 대해서 이야기할 때 사용합니다. 아래 대화를 보세요.

A: We've run out of milk. 우리는 우유가 다 떨어졌어.
B: I know, I'm going to buy some. 나도 알아, 내가 사러 갈 거야.

위 대화를 통해서 이미 B는 우유가 떨어져서 사러 가려고 했었다는 것을 알 수 있습니다. 이런 계획된 미래를 나타낼 때는 be going to를 쓰면 적절합니다. 하지만 이 둘을 엄격히 구분하는 것은 불가능하므로 느낌만 알아두세요.

🔍 중간 정리 --

1. 동사에는 12개의 시제가 있고, 이를 동사의 12시제라고 부른다.
2. 과거, 현재, 미래의 기본 시제에 진행, 완료를 더하면 12시제를 만들 수 있다.
3. 현재 시제는 사실, 습관, 진리, 가까운 미래를 나타낼 수 있다.
4. 과거 시제는 규칙, 불규칙적으로 변하기 때문에 외워야 한다.
5. 미래 시제는 will, be going to의 2가지로 표현할 수 있다.

DAY 02
진행 시제

진행 시제

진행 시제는 이름 그대로 생생하게 무언가가 진행되고 있음을 나타낼 때 사용합니다. 과거·현재·미래 시제와 합쳐지면 각각 과거진행·현재진행·미래진행 시제가 만들어집니다.

① 과거진행 시제

과거에 무언가가 생생하게 진행되고 있었음을 나타냅니다.

기본: 주어 + was/were + 동사ing

부정문: 주어 + was/were not + 동사ing

의문문: Was/Were + 주어 + 동사ing

He was playing computer games. 그는 컴퓨터 게임을 하고 있는 중이었다.

② 현재진행 시제

지금 현재 어떤 동작이나 상태가 진행되고 있음을 나타냅니다.

기본: 주어 + am/are/is + 동사ing
부정문: 주어 + am/are/is not + 동사ing
의문문: am/are/is + 주어 + 동사ing

He is playing computer games. 그는 컴퓨터 게임을 하고 있는 중이다.

③ 미래진행 시제

미래의 어느 시점에 어떤 일이 생생하게 진행되고 있을 것임을 미래진행 시제는 나타냅니다.

기본: 주어 + will be + 동사ing
부정문: 주어 + will not(won't) be + 동사ing
의문문: Will + 주어 + be 동사ing

He will be playing computer games. 그는 컴퓨터 게임을 하고 있는 중일 것이다.

현재진행 시제는 미래를 나타내는 표현과 함께 쓰여 가까운 미래를 나타낼 수도 있습니다.

I'm meeting my old friend for dinner tonight.
오늘밤 나는 나의 오랜 친구를 만나서 저녁을 먹을 것이다.

Q. 진행 시제가 불가능한 동사가 있다던데요?

A. 그렇습니다. 일부 동사들은 진행 시제로 바꿀 수 없습니다. 이들은 모두 진행형으로 쓰면 어색합니다. 아래 동사들은 외우기보다는 왜 진행형으로 바꾸면 어색한 지를 이해하고 넘어가시면 됩니다. 진행형은 어떤 동작을 진행하는 것인데, 아래 동사들은 의미상 동작이 느껴지지 않습니다.

1. 존재를 나타내는 동사

　　lie(놓여 있다), consist(구성되다), exist(존재하다)

2. 상태를 나타내는 동사

　　resemble(닮다), lack(부족하다), remain(계속~이다), seem(~처럼 보이다)

3. 의지와 상관없이 감각을 느끼거나 지각하는 동사

　　see(보다), hear(듣다), smell(냄새가 나다)

4. 소유 동사

　　have(가지다), possess(소유하다), belong to(~소유이다), own(소유하다)

5. 감정/인지 동사

　　like(좋아하다), love(사랑하다), want(원하다), hate(싫어하다), prefer(선호하다),

　　think(생각하다), know(알다), believe(믿다)

---

1. [2011 국가직 7급] He is beginning to look his age.

2. [2010 국가직 7급] You are straying from the point.

3. [2015 교육행정직 9급] In one hand he was thumbing a text message.

4. [2010 지방직(상반기) 9급] At the moment, she's working as an assistant in a bookstore.

5. [2017 기상직 9급] Many government leaders are encouraging people to ride bikes more often.

6. [2014 국가직 9급] A number of students are studying very hard to get a job after their graduation.

[해석]

1. 그는 제 나이로 보이기 시작한다.

2. 당신은 요점에서 벗어나고 있습니다.

3. 그는 한 손으로는 엄지손가락으로 문자 메시지를 쓰고 있었다.

4. 지금 그녀는 서점에서 점원으로 일하고 있다.

5. 많은 정부 지도자들은 사람들이 자전거를 더 자주 타도록 격려하고 있다.

6. 많은 학생들이 졸업 후 취직을 위해 열심히 공부하고 있다.

🔍 중간 정리 ┈┈┈

1. 진행 시제는 생생하게 진행되는 동작을 나타낸다.

2. 과거진행·현재진행·미래진행 시제가 있다.

3. 진행 시제는 미래를 나타내는 표현과 함께 쓰여 가까운 미래를 나타낼 수 있다.

완료 시제

완료 시제

과거, 현재, 미래는 어떤 지점에서 이루어지는 동작이나 상태를 말합니다. 이에 반해 완료라는 개념은 쭉 이어지는 개념을 말합니다. 예를 들어보겠습니다. "당신은 영어를 몇 년간 공부했나요?"라는 질문에는 과거, 현재, 미래의 시제로는 답을 할 수 없습니다.

"10년간 공부를 해 왔다." 같이 기간을 나타내야 합니다. 이때 필요한 것이 '완료 시제'입니다. 다음 두 문장의 차이가 느껴지나요?

I studied English.

I have studied English.

현재완료는 과거부터 현재까지의 기간을 나타내고, 과거완료는 과거보다 더 과거에서 과거까지의 기간을 나타내고, 미래완료는 현재부터 미래의 어떤 지점까지의 기간을 나타냅니다.

Q. 과거 시제와 현재완료 시제가 구분이 안 되면 어떡하죠?

A. 과거 시제와 현재완료 시제의 구분은, 현재완료 시제를 처음 배우는 분들이 많이 하는 질문입니다. 현재완료 시제와 과거 시제가 구분이 잘 안 된다는 것인데요, 과거 시제와 현재완료 시제를 구분할 수 있다면 시제를 완전히 익힌 것입니다. 아래 두 문장에서 시제의 차이가 느껴지나요?

1. Susan was ill yesterday. (과거 시제)
2. Susan has been ill for a week. (현재완료 시제)

과거의 시제를 사용한 1번 문장에서 Susan은 어제 아팠던 겁니다. 어제라는 순간 아픈 상태였다는 뜻입니다. 오늘은 아픈지 안 아픈지 알 수 없습니다. 현재완료를 사용한 2번 문장에서 Susan은 현재를 기준으로 1주일 전부터 아프기 시작해서 현재까지 아프다는 의미입니다. 과거 시제는 과거에 대한 이야기이고, 현재완료는 현재까지 그 동작이나 상태가 이어질 때 사용한다고 생각하면 됩니다.

현재완료의 4가지 용법

영문법에서 가장 많이 등장하는 현재완료 시제는 기본적으로 과거부터 현재까지 이어지는 동작이나 상태를 나타내지만, 더 구체적으로 들어가면 4가지 용법을 가지고 있습니다. 현재완료 시제의 4가지 용법은 '완료, 경험, 계속, 결과'입니다. 용법에 따라 해석의 느낌이 달라집니다.

① 완료: 지금 막 ~했다

과거에 시작해서 지금까지 이어진 동작이 지금 막 완료되었음을 나타냅니다. since(~이후로), for(~동안에) 같은 표현들과 궁합이 잘 맞습니다.

She has just come. 그녀는 지금 막 왔다.
I have already had lunch. 나는 이미 점심을 먹었다.

② 경험: (지금까지) ~한 적이 있다

과거부터 현재까지 나의 경험을 현재완료 시제를 이용해서 나타낼 수 있습니다. 우리가 흔히 사용하는 '먹어봤다, 가봤다, 해 봤다' 같은 경험을 현재완료의 '경험' 용법을 이용해서 전달할 수 있습니다.

I have never been to Paris. 나는 파리에 가 본 적이 없다.

She has once lived in New York. 그녀는 한 때 뉴욕에 살았었다.

③ 계속: (지금까지) ~해 오고 있다

과거에 시작된 동작이나 상태가 지금도 이어지고 있음을 '계속' 용법을 이용해서 나타낼 수 있습니다.

I have studied English for 10 years. 나는 영어를 10년간 공부해 왔고 지금도 하고 있다.

I have known him for the past 5 years. 나는 그를 지난 5년간 알아 왔고 지금도 알고 있다.

④ 결과: ~해버렸다

과거의 동작이나 상태의 결과 현재 어떠한 일이 일어나고 있다면 이것은 결과 용법입니다. 주로 누가 가 버린 결과 현재 없다거나, 무엇을 잃어버린 결과 현재는 가지고 있지 않다는 식으로 활용됩니다.

He has lost his watch. 그는 시계를 잃어버려서 현재 가지고 있지 않다.

I have lost my keys. 나는 나의 열쇠를 잃어버려서 현재 가지고 있지 않다.

정말 중요한 현재완료를 다 배웠습니다. 잠시 쉬어가면서 멋진 영화 한 편 소개합니다. 명연기를 펼쳤음에도 아카데미 시상식에서 한 번도 남우주연상을 받지 못한 레오나르도 디카프리오에게 최초의 남우주연상을 부여한 영화 〈레

버넌트〉입니다. 이 영화는 서부 개척 시대 이전의 아메리카 대륙에서 일어난 사냥꾼 휴글래스의 생존을 위한 처절한 여정을 담고 있습니다. 아카데미 3관 왕을 차지할 정도로 영화는 내용, 영상, 연기 등 모든 면에서 빼어난 면모를 자랑합니다.

"I ain't afraid to die anymore. I've done it already."
"나는 더 이상 죽는 것이 두렵지 않다. 나는 이미 죽음을 경험했다."

영화에서 주인공 휴글래스는 동료들의 배신으로 죽음에 가까운 경험을 한 후 생존을 위한 투쟁을 합니다. 그런 그가 현재완료 시제를 이용해서 위와 같은 명대사를 남깁니다. 현재완료 중에서도 '경험'의 용법을 이용한 대사입니다. 한 번 죽어봤으니 나는 겁날 것이 없다는 의미를 전달하고 있습니다.

 중간 정리

1. 현재완료에는 4가지 용법이 있다.
2. 완료, 경험, 계속, 결과는 각각 다른 느낌을 전달한다.

과거완료 시제

과거완료 시제는 기본적으로는 과거보다 더 과거라고 생각하면 됩니다. 과거보다 더 과거에 일어난 일을 나타내고 싶을 때 과거완료 시제를 사용합니다. 현재완료의 느낌을 하나 더 과거로 옮기면 됩니다. 과거완료 시제는 다음과 같이 간단하게 정리할 수 있습니다.

형태: had + 과거분사(p.p.)
부정문: had not + 과거분사(p.p.)
의문문: Had + 주어 + 과거분사(p.p.)

The train had just left when he got to the station.
그가 역에 도착했을 때, 열차는 막 떠났다.

과거완료 시제는 현재완료의 4가지 용법을 그대로 이어받을 수 있습니다. 과거를 기준으로 더 과거부터 일어난 일들의 완료, 경험, 계속, 결과를 나타낼 수 있습니다. 과거완료 시제의 4가지 용법은 다음과 같습니다. 현재완료 시제의 느낌을 하나씩 더 과거로 보내면 됩니다.

① 완료

완료는 과거보다 더 과거에 시작된 동작이 과거의 어느 시점에 완료되었음을 나타냅니다.

I had finished my homework when she called me.
나는 그녀가 나를 불렀을 때 숙제를 끝냈었다.

② 경험

경험은 과거보다 더 과거부터 과거의 어느 시점까지의 경험을 나타냅니다.

He wondered if I had been to L.A. before.
그는 내가 전에 LA에 가본 적이 있는지 궁금해 했다.

③ 계속

계속은 과거보다 더 과거에 시작된 동작이나 상태가 과거의 어느 시점까지 계속되고 있음을 말합니다.

I thought he had been alive until then.
나는 그때까지 그가 살아있었다고 생각했다.

④ 결과

결과는 과거보다 더 과거부터 과거의 어느 시점까지의 기간 중에서 일어난 사건이 과거의 어느 시점에 어떤 결과를 가져왔다는 의미입니다.

I told my friend I had bought the music CD.
나는 내 친구들에게 내가 음악 CD를 샀다고 말했다.

미래완료 시제

미래완료 시제는 현재 시작된 동작이나 상태가 미래의 어느 시점에 완료됨을 나타내는 시제입니다. 독해에서 자주 만날 수 없는 시제이지만, 일상에서 우리는 미래완료 시제를 종종 사용합니다.

"김대리, 보고서 언제까지 완성되나?"
"네, 이번 주 금요일 아침까지는 완성될 겁니다." (미래완료 시제 사용)

보고서가 지금부터 금요일 아침에 완료될 것이라는 것을 미래완료 시제를 이용해서 나타냈습니다. 영어로는 다음과 같이 표현할 수 있습니다.

The report will be done by this Friday morning.
그 보고서는 이번 주 금요일 아침까지 완성될 것이다.

🔍 중간 정리 ⋯⋯⋯⋯⋯⋯⋯⋯⋯⋯⋯⋯⋯⋯⋯⋯⋯⋯⋯⋯⋯⋯⋯⋯⋯⋯⋯⋯⋯⋯⋯⋯

1. 과거완료는 기본적으로 과거보다 더 과거의 일을 나타낸다.
2. 과거완료에는 완료, 경험, 계속, 결과의 용법이 있다.
3. 미래완료는 현재 시작된 일이 미래의 어느 시점에 완료됨을 나타낸다.

공무원영어 기출TIP: 완료 시제 연습하기(과거완료, 현재완료, 미래완료)

1. [2010 국가직 7급] Has Minji's family moved to Paris yet?

2. [2009 국가직 9급] The weather has been nasty for half a month.

3. [2011 지방직 9급] I had waited for an hour before he appeared.

4. [2015 지방직 9급 응용] I had known Jose until I was seven.

5. [2017 기상직 9급] It has been a while since I had my hair permed.

6. [2009 국가직 9급 응용] I had not walked a mile before it began to rain.

7. [2017 서울시·사회복지직 9급] It has been three years since I moved to this house.

8. [2012 지방직(하반기) 사회복지직·인천시 9급] He has been late for the class three days in a row.

9. [2009 국가직 9급 응용] Since then, the number of solo travelers has increased.

10. [2009 국가직 9급] I will have read this book four times if I read it once again.

[해석]

1. 민지네 가족은 벌써 파리로 이사 갔니?

2. 날씨는 한 달에 절반 동안은 끔찍했다.

3. 내가 기다린 지 한 시간 만에 그가 나타났다.

4. 일곱 살 때까지 나는 Jose와 알고 지냈다.

5. 머리를 파마한지 한참 지났다.

6. 1마일도 걷지 않아서 비가 내리기 시작했다.

7. 나는 이 집으로 이사 온 지 3년이 되었다.

8. 그는 수업에 3일 연속 지각했다.

9. 그 이후로, 나 홀로 여행자들의 수는 증가하고 있다.

10. 내가 이 책을 다시 한 번 읽는다면 네 번 읽게 되는 셈이다.

완료진행 시제

카레 맛을 알고, 돈까스를 먹어봤다면 '카레돈까스'라는 메뉴의 맛을 예상할
수 있습니다. 완료진행 시제는 완료와 진행이 합쳐진 시제입니다. 진행 시제와
완료 시제를 앞서 배웠기 때문에 2가지 느낌들을 합치기만 하면 됩니다.

① 현재완료진행 시제

현재완료진행 시제는 과거부터 현재까지 동작이나 상태가 이어진다는 현재완
료 시제의 느낌과 현재도 동작이 진행되고 있다는 진행의 느낌이 합쳐진 것입
니다.

> I have been studying English for many years.
> 나는 여러 해 동안 영어를 공부해왔고 지금도 공부하고 있다.

어때요? 따로 공부할 것이 없죠? 영어 공부를 과거부터 지금까지 쭉 해왔고,
지금도 계속 하고 있다는 겁니다.

Q. 현재완료 시제와 현재완료진행 시제가 구별이 안 돼요.

A. 구별이 안 될 수 있어요. 왜냐하면 2가지 시제가 같은 의미를 나타내기도 하거든요.

1. I have been studying English for many years.
2. I have studied English for many years.

현재완료 시제에도 '계속'이라는 용법이 있기 때문에 두 문장은 같은 의미를 나타낼 수 있습니다. 단, 굳이 현재완료진행 시제로 표현을 한다면 지금 현재 진행되고 있다는 의미를 조금 더 강조할 수 있는 효과가 있습니다.

② 과거완료진행 시제

과거완료진행은 과거보다 더 과거에 시작된 동작이 과거의 어느 시점까지 이어져오고, 과거의 그 시점에도 계속되고 있다는 느낌이죠.

They had been watching TV when I entered the room.
내가 그 방에 들어갔을 때 그들은 TV를 봐 왔다.

이 문장은 한국말로 다 표현하기 어려운 시제의 느낌을 담고 있습니다. 내가 방에 들어간 것은 과거 시제입니다. 그보다 더 과거부터 그들이 TV를 보는 동작을 해왔고, 내가 방에 들어갔을 때에도 계속 TV를 보고 있다는 느낌을 과거완료진행 시제가 표현합니다.

③ 미래완료진행 시제

미래완료진행 시제는 현재부터 미래의 특정 시점까지 어떤 동작이나 상태가 이어질 것이고, 미래의 그 시점에도 진행이 되고 있을 것이라는 느낌을 전달합니다. 한국말로 하면 복잡해 보이지만, 문장을 해석해 보면 그 느낌을 알 수 있을 겁니다.

I will have been working at this company for ten years next year.
내년이면 나는 이 회사에서 10년째 일을 해 왔고, 또 일을 계속하게 되는 셈이다.

미래완료진행 시제의 느낌을 잡으셨나요? 일상에서 미래완료진행 시제가 자주 쓰이진 않습니다. 12시제가 있지만, 그 중에서 자주 쓰이는 시제들은 일부랍니다. 12개의 시제들을 다 외우려고 하지 마세요. 완료와 진행의 느낌만 알고 있으면 낯선 시제를 만나도 충분히 해석할 수 있답니다. 하나하나의 시제를 개별적으로 외우기보다는 완료와 진행의 느낌을 바탕으로 시제의 느낌을 잡아주세요.

 중간 정리

1. 완료진행 시제는 완료 시제와 진행 시제를 합친 느낌이다.
2. 현재완료진행은 과거부터 현재까지 이어진 동작이 현재에도 진행됨을 나타낸다.
3. 과거완료진행은 과거보다 더 과거부터 시작된 동작이 과거의 특정 시점까지 진행됨을 나타낸다.
4. 미래완료진행은 현재 시작된 동작이 미래의 어느 시점에도 계속 진행됨을 나타낸다.

시제는 동사가 언제 어떻게 이루어지고 있는지를 느끼고 이해하는 것이 핵심입니다. 지금까지 배운 내용들을 바탕으로 study라는 동사가 12시제에 따라서 어떤 다양한 느낌을 낼 수 있는지 확인하세요.

현재: I study English. (현재 습관을 나타내는 느낌)

과거: I studied English. (과거에 공부했음)

미래: I will study English. (미래에 공부할 것임)

현재완료: I have studied English. (과거부터 현재까지 공부했음)

과거완료: I had studied English. (과거의 과거부터 과거까지 공부했음)

미래완료: I will have studied English. (지금부터 미래의 어느 시점까지 공부할 거라는 느낌)

현재진행: I am studying English. (지금 현재 공부하고 있음)

과거진행: I was studying English. (과거에 공부하고 있었음)

미래진행: I will be studying English. (미래의 어느 시점에 공부하고 있을 것임)

현재완료진행: I have been studying English. (과거부터 지금까지 공부해 왔고 계속 하고 있음)

과거완료진행: I had been studying English. (과거의 과거부터 과거까지 공부했고 계속하고 있음)

미래완료진행: I will have been studying English. (미래의 어느 시점까지 공부할 것이고 계속할 것임)

동사의 양념은 3가지였던 것, 기억하시죠? 12시제, 조동사, 수동태입니다. 12시제를 배웠으니, 이제 조동사, 수동태 개념을 익힙니다. 어렵지 않은 개념이니 가볍게 시작해볼게요.

조동사는 초등학생도 아는 문법입니다.

I can do it. 나는 할 수 있어.

이 문장에서 can이 조동사입니다. 초등학생도 아는 조동사는 어려운 문법은 아니지만, 조동사가 왜 중요한지, 영어에서 어떤 역할을 하는지를 정리해야 합니다. 조동사는 품사적으로는 동사이고, 동사의 양념입니다. 동사가 쇠고기라면, 조동사는 불고기 양념입니다. 날 것 상태인 고기에 양념을 해서 맛있게 만들 듯이 동사의 의미를 다양하게 해주는 것이 바로 조동사입니다.

수동태는 능동태의 반대 개념입니다. 능동적으로 무엇을 하는 것이 아니라, 수동적으로 당하는 것이 수동태이죠.

나는 떡볶이를 만들었다. (능동태)

떡볶이는 나에 의해서 만들어졌다. (수동태)

한국어에서 기본적으로 수동태는 사용되지 않아요. 지금 우리가 일상에서 쓰는 수동태는 모두 영어의 영향으로 생겨난 것들이랍니다. 능동/수동의 개념은 쉽게 이해할 수 있는 개념이니, 이번 시간에 추가적인 개념들을 탑재하시면 됩니다.

단, 기억하세요. 우리는 문법을 연구하는 학자가 아니라, 문장을 해석하기 위한 수단으로 문법을 배우는 거랍니다. 등장하는 문장들을 해석하는 것에 최대한 집중해주세요. 그럼 시작합니다.

DAY 03
동사 정복하기: 조동사, 수동태

조동사

조동사의 기본

조동사는 정말 친숙한 문법입니다. 영어를 처음 배우던 때부터 'I can do it.' 정도의 문장을 우리는 사용해왔습니다. 조동사는 굉장히 쉬운 문법이지만, 기억해야 할 점들이 있습니다. 그다지 많이 어렵지 않으니, 기존에 알던 내용을 정리하면서 공무원 영어 시험에 필요한 포인트들을 알아봅니다.

조동사는 동사의 한 종류입니다. 동사는 일반동사, be동사, 조동사로 이루어집니다. 이 중에서 조동사는 좀 특별하죠. 단독으로 쓰일 수 없고 일반동사, be동사를 도와주는 역할을 합니다. 그래서 이름도 '조'수에서 가져온 '조'를 써서 조동사라고 부릅니다. 어려운 문법은 아니지만, 영어에서 동사와 관련된 부분들은 가장 중요하기 때문에 이번에 확실하게 잡아보죠. 조동사의 기본은 다음과 같습니다. 기본적으로 부정문, 의문문을 만들 수 있어야 합니다.

기본: 조동사 + 동사원형

I can swim. 나는 수영할 수 있다.

부정문: 조동사 + not + 동사원형

I cannot swim. 나는 수영할 수 없다.

의문문: 조동사 + 주어 + 동사원형

Can you swim? 너는 수영할 수 있니?

조동사의 특징

조동사는 다음과 같은 특징을 가지고 있습니다. 외울 필요 없이 우리가 알고
있는 조동사의 쓰임에 적용을 해보면 쉽게 이해할 수 있습니다.

1. 조동사 다음에는 항상 동사원형이 온다. (am, is, are의 원형 → be)

   You can learn English easily. 너는 영어를 쉽게 배울 수 있다.

   He may be sick. 그는 아마 아플 지도 모른다.

2. 조동사의 부정은 조동사 다음에 not을 붙인다.

   David might not come to the party. David는 파티에 안 올지도 모른다.

3. 조동사는 주어의 수와 인칭에 관계없이 항상 같은 형태로 쓴다.

   I can speak Spanish. 나는 스페인어를 말할 수 있다.

   He may go to the movie this evening. 그는 오늘 저녁에 영화를 보러 갈 지도 모
   른다.

4. 2개의 조동사를 연이어 쓸 수 없다. 2개의 조동사를 연이어 쓸 경우에는 조동사 대신

에 be able to, have to 등의 표현을 쓴다. 조동사 세계에서 be able to, have to와
같은 녀석들은 순수한 조동사가 아닌 유사조동사로 분류한다.

John will can learn Italian. (x)
John will be able to learn Italian. (o) John은 이탈리아어를 배울 수 있을 것이다.

I will must work late today. (x)
I will have to work late today. (o) 나는 오늘 늦게까지 일해야 할 것이다.

기본 조동사들의 의미

냉면에 식초, 겨자를 넣으면 맛이 많이 바뀝니다. 조동사는 영어 문장에서 식
초, 겨자 같은 역할을 합니다. 동사라는 국물에 조동사를 뿌리면 의미가 변하
게 됩니다. 그 바뀐 의미를 우리는 익혀야 합니다. 기본 조동사들의 의미를 문
장과 함께 익히세요. 결코 어렵게 생각할 필요가 없습니다. 문장의 동사에 조
동사라는 양념을 친다고 생각하세요.

may: ∼할지도 모른다(추측), ∼해도 좋다(허락)
can: ∼할 수 있다(능력), ∼해도 좋다(허락)
can't: ∼할 수 없다(불가능), ∼일 리가 없다(강한 부정적 추측)
will: ∼할 것이다
must: ∼해야 한다(의무), ∼임에 틀림없다(강한 추측)
should: ∼해야 한다(조언, 충고)
have to: ∼해야 한다
had to: ∼했어야 했다

He will visit his grandfather. 그는 그의 할아버지댁을 방문할 것이다.

She won't come to the party. 그녀는 파티에 오지 않을 것이다.

He may lie to you. 그는 너에게 거짓말을 할 지도 모른다.

The news may not be true. 그 뉴스는 사실이 아닐 지도 모른다.

May I come in? 네가 들어가도 될까?

He can repair your computer. 그는 너의 컴퓨터를 고칠 수 있다.

You cannot talk during the class. 너는 수업 동안에 말할 수 없다.

Can you stay here tonight? 너는 오늘 밤 머물 수 있니?

You must come back home. 너는 집에 돌아와야만 한다.

We have to save money. 우리는 돈을 절약해야만 한다.

You must not park here. 너는 여기에 주차해서는 안 된다.

I don't have to come home early today. 나는 오늘 일찍 집에 갈 필요가 없다.

You should listen to my advice. 너는 내 조언을 들어야 한다.

You should not judge people by their appearance. 너는 외모로 사람을 판단해서
는 안 된다.

You ought not to turn left here. 너는 여기서 좌회전을 해서는 안 된다.

공무원영어 기출TIP: 주요 조동사

cannot be too 형용사	아무리 ~해도 지나치지 않다
cannot but + 동사원형	~하지 않을 수 없다
don't have to + 동사원형	~할 필요는 없다
had better + 동사원형	~하는 편이 낫다
would rather + 동사원형	~하는 것이 낫다

공무원영어 기출TIP: 조동사 연습하기

1. [2009 국가직 9급] She is used to living alone.

2. [2016 지방직 9급 응용] I am used to getting up early everyday.

3. [2008 국가직 9급] You ought not to drive if you're sick.

4. [2015 지방직 9급 응용] You'd better go now or you'll be late.

5. [2011 국가직 7급] You'd better delay your departure until tomorrow.

6. [2014 지방직 9급 응용] Each officer must perform their duties efficiently.

7. [2012 국가직 7급] You don't have to have a degree to pursue your dream.

8. [2017 서울시·사회복지직 9급 응용] We must arrive in the city before the sun sets.

9. [2014 사회복지직 9급] You have to press the green button; otherwise it won't work.

10. [2014 국가직 7급] Doctor and patient must also agree there is no hope of remission.

[해석]

1. 그녀는 혼자 사는 데 익숙하다.

2. 나는 매일 일찍 일어나는 것에 익숙하다.

3. 아프면 운전을 하지 말아야 한다.

4. 넌 지금 가는 편이 낫겠어, 그렇지 않으면 늦을 거야.

5. 너는 내일까지 출발을 연기하는 편이 좋겠다.

6. 각 장교는 자신의 임무를 효율적으로 수행해야 한다.

7. 너의 꿈을 추구하기 위해 학위를 가져야 할 필요는 없다.

8. 우리는 해가 지기 전에 그 도시에 도착해야 한다.

9. 초록 단추를 눌러야 한다. 그러지 않으면 작동하지 않을 것이다.

10. 의사와 환자는 또한 회생의 희망이 없다는 것에 동의해야 한다

주장, 요구, 명령, 제안을 나타내는 동사(insist, demand, order, suggest, recommend, require, advise 등)가 that절을 목적어로 취할 때는 that절의 동사 앞에 should를 사용하고, 이 should는 생략이 가능합니다. 기출 문장들과 문제를 확인합니다.

insist(주장하다)		
demand(요구하다)		
order(명령하다)	that	주어 + (should) + 동사원형
suggest(제안하다)		
require(요구하다)		

James insisted that he (should) attend the meeting.
James는 그가 회의에 참석해야 한다고 주장했다.

[2016 국가직 9급]
The police demanded that she not leave the country for the time being.
경찰은 그녀가 당분간은 나라를 떠나지 말 것을 요구했다.

[2012 국가직 9급]
Even before Mr. Kay announced his movement to another company,
the manager insisted that we begin advertising for a new accountant.
Kay 씨가 다른 회사로의 전근을 발표하기 전에 그 관리자는 우리가 새로운 회계사 채용 광고를 시작해야 한다고 주장했다.

조동사를 이용하면 아래와 같은 표현을 할 수도 있답니다. 영화 〈이상한 나라
의 앨리스〉에 등장하는 대사입니다.

"You cannot live your life to please others. The choice must be yours."
"너는 남들을 기쁘게 하기 위해서 살 수 없다. 선택은 너의 것이어야만 한다."

조동사 cannot과 must를 적절하게 이용해서 동사의 의미를 확실하게 표현하
고 있습니다. 하나 더 볼게요. 호주가 낳은 최고의 배우 중 한 명인 멜깁슨이
감독과 주연을 맡은 영화 〈브레이브 하트〉에 등장하는 대사입니다.

"They may take our lives, but they'll never take our freedom!"
"그들은 우리의 목숨을 빼앗아갈 수는 있을지 몰라도,
그들은 절대로 우리의 자유를 빼앗아갈 수 없다."

이 영화는 13세기말 영국과 스코틀랜드의 대립을 배경으로 합니다. 조국의 자유와 평화를 위해서 죽음 앞에서도 신념을 잃지 않는 주인공 멜깁슨의 모습은 보는 이로 하여금 가슴이 뜨거워지게 합니다.

조동사 may가 추측의 의미로 쓰였고, will이 미래 시제를 나타내고 있습니다. 2개의 다른 조동사가 적절하게 쓰여서 이 영화의 주제를 나타내는 명대사 중의 명대사를 완성하고 있답니다. 조동사는 이처럼 어렵지 않은 문법임에도 동사에 의미를 더해주면서 문장에서 결정적인 역할을 합니다.

조동사 + have p.p.

조동사 다음에 동사원형이 아닌, have p.p.를 이어서 쓰면, '과거에 대한 이야기'가 됩니다. 이건 다소 생소할 수 있기 때문에 반드시 암기를 해야 합니다. 문장과 함께 느낌을 잡아주세요.

should have p.p.: (과거에) ~해야만 했었는데 하지 못했다.
ought to have p.p.: (과거에) ~해야만 했었는데 하지 못했다.
must have p.p.: (과거에) ~했음에 틀림없다. ~였음에 틀림없다.
can't have p.p.: (과거에) ~했을 리가 없다. ~이 아니었음에 틀림없다.
could have p.p.: (과거에) ~할 수 있었을 것이다
would have p.p.: (과거에) ~했을 것이다
might have p.p.: (과거에) ~했을 것이다

You could have done it. 너는 그것을 할 수 있었을 것이다.
I should have studied harder. 나는 더 열심히 공부했어야만 했다.

He must have been asleep. 그는 잠들었음에 틀림없다.

John must have eaten all the biscuits. John이 모든 비스킷을 먹었음에 틀림없다.

He can't have been asleep. 그는 잠들었을 리가 없다.

That would have been better. 그것은 더 나았을 것이다.

It might have been a problem. 그것은 문제였을 지도 모른다.

 공무원영어 기출TIP: 조동사 + have p.p. 연습하기

1. [2014 사회복지직 9급] You should have watched the movie.

2. [2008 국가직 9급] I should not have gone to the party.

3. [2008 국가직 9급] He must have known the truth in advance.

4. [2008 국가직 9급 응용] He could not have done such a stupid thing.

5. [2017 국가직 9급] I ought to have formed a habit of reading in my boy-
   hood.

6. [2009 서울시 9급] Jack would have helped us make a CD, but he didn't
   have time.

7. [2016 기상직 9급] Something must have happened to Peter to make him
   behave in such a way.

[해석]

1. 당신은 그 영화를 봤어야 했다.

2. 난 그 파티에 가지 말았어야 했다.

3. 그는 그 사실을 미리 알고 있었음에 틀림 없다.

4. 그가 그렇게 어리석은 짓을 했을 리가 없다.

5. 나는 소년 시절에 독서하는 버릇을 길러 놓았어야만 했다.

6. Jack은 우리가 CD 만드는 것을 도와주었을 텐데, 그러나 그는 시간이 없었다.

7. Peter가 그렇게 행동하다니 뭔가 일이 있었음에 틀림없다.

조동사를 정리합니다. 기본적인 조동사들은 이미 우리가 잘 알고 있습니다. 낯선 조동사들의 의미를 익혀주세요. 모르는 조동사가 있으면 독해를 정확하게 할 수 없고, 관련된 문법 문제도 풀 수 없습니다. should가 주장, 요구, 명령, 제안의 동사와 만났을 때 문법 문제에서 중요한 포인트리는 것을 익혀주세요. 끝으로 조동사에 have p.p.가 붙으면 상당히 어려운 의미가 됩니다. 모두 과거의 의미로 해석되면서 조동사에 따라 특유의 의미들을 가지게 됩니다. 예문들을 통해서 충분히 의미를 익혀주세요. 이제 여러분은 동사의 양념인 조동사를 정복하셨습니다.

 중간 정리

1. 조동사는 동사의 양념이다.
2. '조동사 + have p.p.'는 과거에 대한 이야기를 전달한다.

수동태

수동태의 특징

수동태는 동사의 3가지 양념 중 하나입니다. 동사의 3가지 양념을 다시 한 번
복습합니다.

기본 재료: 동사

동사의 3가지 양념: 12시제, 조동사, 수동태

기본적으로 동사는 능동태와 수동태로 나타낼 수 있습니다.

능동태: 동사원형 (주어가 능동적으로 동작을 수행)

수동태: be + p.p. (주어가 수동적으로 동작을 당함)

수동태는 '수동'이라는 이름 그대로 동사의 동작을 수동적으로 당한다는 의미입니다. 능동태를 수동태로 바꾸어볼게요.

(능동태) Joan K. Rowling wrote Harry Porter series.
　　　　조앤 롤링이 해리포터 시리즈를 썼다.
(수동태) Harry Potter series was written by Joan K. Rowling.
　　　　해리포터 시리즈는 조앤 롤링에 의해서 쓰여졌다.

같은 내용이라도 능동과 수동으로 나타낼 수 있습니다. 수동태를 쓰는 이유는 몇 가지가 있습니다.

수동태를 사용하는 이유

① 목적어 강조

문장의 주어가 아닌 목적어가 맥락상 중요할 때, 목적어를 앞으로 내보내는 수동태를 사용합니다. 아무래도 앞에 나오는 것에 사람들은 집중을 하죠.

능동: We elected Tom a captain. 우리는 Tom을 반장으로 선출했다.
수동: Tom was elected a captain (by us). Tom이 반장으로 선출되었다.

② 행위자가 불분명

동사의 주인이 불분명할 때가 있습니다. 지갑을 도난당했을 때, 우리는 범인을 모릅니다. 그때는 어쩔 수 없이 목적어를 주어로 사용하는 수동태를 사용합니다. 굳이 알지도 못하는 누군가를 주어로 쓸 이유가 없는 거죠.

능동: Someone stole my bike. 누군가가 내 자전거를 훔쳤다.
수동: My bike was stolen. 내 자전거가 도난당했다.

③ 행위자가 일반 사람이거나 뻔한 경우

일반 사람들이 동사의 주체인 경우는 주어가 큰 의미가 없습니다. 그래서 수동태로 바꾸어 주고, 행위자는 생략하는 경우가 많습니다. 중요하지 않은 정보는 앞에 내세울 이유가 없는 것이죠.

능동: People speak English in Canada. 사람들은 캐나다에서 영어를 사용한다.
수동: English is spoken in Canada. 영어는 캐나다에서 사용된다.

행위자가 너무나 뻔한 경우에도 주어를 굳이 써줄 필요가 없습니다. 아래 문장의 주어는 누가 봐도 '경찰'입니다. 이런 경우 수동태로 표현하는 편이 낫습니다.

능동: The police arrested him. 경찰들이 그를 체포했다.

수동: He was arrested. 그는 체포되었다.

수동태의 기본

수동태를 만드는 방법을 단계별로 살펴볼게요. 아래 능동태 문장을 수동태로 만들어봅니다.

My mom opened the door. (능동태)

1단계〉 능동태의 목적어는 수동태의 주어가 된다.

The door

2단계〉 능동태의 동사는 'be동사+과거분사'로 바꾼다. 이때 주어와 시제에 맞게 be동사의 형태를 쓴다.

The door was opened

3단계〉 능동태의 주어는 목적격으로 바꾼 후, 'by+목적격'의 형태로 쓴다.

The door was opened by my mom.

수동태의 부정문과 의문문은 다음과 같습니다.

기본: be동사 + 과거분사 + by 목적격

부정문: be동사 + not + 과거분사 + by 목적격

의문문: (의문사가 없을 때) Be동사 + 주어 + 과거분사 + by 목적격

(의문사가 있을 때) 의문사 + be동사 + 주어 + 과거분사 + by 목적격

1. When was the book written by her?

   언제 그 책은 그녀에 의해서 쓰여졌니?

2. A new school will be built by them.

   새로운 학교는 그들에 의해서 지어질 것이다.

3. My accent is laughed at by everyone.

   내 억양은 모든 사람들에 의해서 비웃음을 받는다.

4. My purse has taken by somebody.

   내 지갑은 누군가에 의해서 도난당했다.

5. I was taught English by my uncle.

   나는 내 삼촌에 의해서 영어를 배웠다.

6. The machine was invented by Tom.

   그 기계는 Tom에 의해서 발명되었다.

7. The bathroom was cleaned yesterday by him.

   그 화장실은 어제 그에 의해서 청소되었다.

8. The elephant was trained by a woman trainer.

   그 코끼리는 여성 훈련사에 의해서 조련되었다.

9. English and French are spoken in Canada by people.

   영어와 프랑스어는 사람들에 의해서 캐나다에서 말해진다.

10. The first coins were not made from copper.

    첫 번째 동전은 구리로 만들어지지 않았다.

시제와 수동태

동사의 양념인 시제와 수동태는 함께 쓰여 동사의 의미를 다양하게 만들 수 있습니다. 보통 한국말로는 수동태를 사용하지 않지만 수동의 의미를 살려서 해석해보겠습니다.

He cleans the room. (현재)

→ The room is cleaned by him. 그 방은 그에 의해서 청소된다.

He cleaned the room. (과거)

→ The room was cleaned by him. 그 방은 그에 의해서 청소되었다.

He will clean the room. (미래)

→ The room will be cleaned by him. 그 방은 그에 의해서 청소될 것이다.

He is cleaning the room. (진행)

→ The room is being cleaned by him. 그 방은 그에 의해서 청소되고 있는 중이다.

He has cleaned the room. (완료)

→ The room has been cleaned by him. 그 방은 그에 의해서 청소되어져 왔다.

※각 시제의 완료진행형의 수동태와 미래진행형의 수동태는 실제 영어에서는 사용되지 않습니다.

동사의 형태에 주목해서 다음 문장들을 해석해보세요.

1. The kitchen has been cleaned. 주방은 청소되었다.
2. The plants have been watered. 식물들은 물이 주어졌다.
3. The report has been finished. 보고서는 완성되어졌다.

4. The President has been killed. 대통령은 살해당했다.

5. The email has been sent. 이메일은 보내졌다.

6. The windows will be cleaned. 창문은 청소될 것이다.

7. Your application will be processed. 너의 지원서는 처리될 것이다.

8. Your glasses will be found. 너의 안경은 발견될 것이다.

조동사와 수동태

동사의 양념인 조동사와 수동태가 함께 쓰이면 동사의 의미가 더욱 풍부해집니다. 조동사와 수동태의 의미를 합쳐주세요.

조동사 + be + 과거분사

I will forget you.

→ You will be forgotten by me. 너는 나에 의해서 용서될 것이다.

다음 문장들을 해석해보세요.

1. Food will be brought. 음식은 가져와질 것이다.

2. You will be helped. 너는 도움을 받을 것이다.

3. That bicycle will be stolen. 그 자전거는 도난당할 것이다.

4. Your order will be taken. 너의 주문은 받아질 것이다.

5. A new book will be read. 새 책은 읽힐 것이다.

6. This book has to be bought by you. 이 책은 너에 의해서 구매되어야 한다.

7. The work should be done immediately. 그 일은 즉시 마쳐져야 한다.

8. My bicycle must be repaired by tomorrow. 내 자전거는 내일까지 고쳐져야 한다.

9. The money have to be used for library books. 그 돈은 도서관 책들을 위해서 사용되어야 한다.

10. The book might be read by all the children. 그 책은 모든 아이들에 의해서 읽힐지도 모른다.

동사구의 수동태

여러 개의 단어가 모여서 하나의 동사 덩어리를 형성하는 경우, 이를 수동태로 만들 때 동사 덩어리를 하나의 동사처럼 취급합니다. 이때 전치사가 연이어 2개가 나오게 되는데, 원래는 불가능한 일이지만 이 경우는 가능합니다.

① 동사구

bring up(양육하다)	run over(차로 치이다)	call off(취소하다)
turn on(켜다)	turn off(끄다)	look after(돌보다)
take care of(돌보다)	ask for(요청하다)	deal with(다루다)
depend on(의존하다)	insist on(주장하다)	laugh at(비웃다)
catch up with(따라잡다)	do away with(없애다)	look down on(경멸하다)
look forward to(기대하다)	put up with(참다)	put off(연기하다)
make use of(이용하다)		

② 동사구의 수동태

She takes good care of my baby.

→ My baby is taken good care of by her.

내 아기는 그녀에 의해서 잘 돌봐진다.

She turned on the computer.
→ The computer was turned on by her.
그 여자에 의해 컴퓨터가 켜졌다.

Tom will look after the dog.
→ The dog will be looked after by Tom.
그 개는 Tom의 돌봄을 받을 것이다.

시험에 나오는 수동태

① 4형식 문장의 수동태

4형식 문장의 수동태는 특별합니다. 4형식 문장은 목적어가 2개입니다. 수동
태는 원래 문장의 목적어를 주어로 가지고 와서 만드는 문장이기 때문에 4형
식 문장은 2개의 수동태 문장을 만들 수 있습니다.

4형식 문장: She gave me a letter.
간접목적어 주어: I was given a letter by her.
직접목적어 주어: A letter was given to me by her.
※이때 직접목적어를 주어로 하는 문장을 만들면, 동사에 따라서 원래 문장에는 없던 전
치사 to/for/of를 추가해야 합니다.

전치사 to를 쓰는 경우: give, bring, teach, show, send, lend, pass…

전치사 for를 쓰는 경우: buy, make…

전치사 of를 쓰는 경우: ask

A bar of chocolate was given to Jill (by John).

A pencil was lent to Graham (by me).

The truth was told to Julian (by Fiona).

The job was offered to Simon (by them).

The grammar was taught to the students (by Julie).

공무원영어 기출TIP: 4형식 동사 수동태

be allowed to: ～에게 허락되다

be taught to: ～에게 가르쳐지다

be awarded to: ～에게 수여되다

② 5형식 문장의 수동태

5형식 문장은 목적어 다음에 목적격보어가 있습니다. 따라서 수동태를 만들 때, 목적어를 주어로 가지고 오면 목적격보어가 뒤에 남습니다. 남은 목적격보어는 문장의 끝에 그대로 적어줘야 합니다.

(능동) They called the baby Sam.

(수동) The baby was called Sam (by them).

③ 5형식 사역동사/지각동사의 수동태

사역동사(make, help)나 지각동사(see, watch, hear, feel…)를 이용한 5형식
문장을 수동태로 만들면 목적격보어에 쓰지 않았던 to를 다시 사용해야 합니다.

(능동) My mom made me take care of my sister.
　　　 나의 엄마는 내가 내 여동생을 돌보도록 만들었다.
(수동) I was made to take care of my sister by my mom.

(능동) We saw him enter the building. 우리는 그가 빌딩에 들어가는 것을 보았다.
(수동) He was seen to enter the building.

다음 수동태 문장들을 해석하세요.

1. They were heard singing together. 그들이 함께 노래하는 것이 들렸다.

2. He was not allowed to speak by teacher.
　 그는 선생님에 의해서 말하는 것이 허용되지 않았다.

3. The house was painted white by Tom.
　 그 집은 Tom에 의해서 하얗게 페인트칠 되었다.

4. I was allowed to leave early by my teacher.
　 나는 나의 선생님에 의해서 일찍 떠나는 것이 허용되었다.

5. Jack was made to pull over his car by the police officer.
　 Jack은 경찰에 의해서 차가 세워지도록 강요당했다.

6. I was made to pick up the trash.
　 나는 쓰레기를 줍도록 강요당했다.

7. She was seen preparing dinner for us.
　 그녀가 우리를 위해서 저녁을 준비하는 것이 보였다.

134

8. I was watched playing soccer in the afternoon.

나는 오후에 축구하는 것이 목격되었다.

9. His son was made to get up early this morning.

그의 아들은 오늘 아침에 일찍 일어나도록 강요당했다.

10. Children were made to get in line at the cafeteria.

아이들은 식당에서 줄을 서도록 강요당했다.

 공무원영어 기출TIP: 5형식 동사 수동태

be considered 명사 : ~라고 여겨지다

④ 목적어가 that절인 경우의 수동태

that절이 목적어인 능동태 문장의 수동태는 보통 가주어 it을 주어로 나타냅니다. 또한 say, believe, expect, suppose, know, consider 등의 동사는 that 절의 주어를 문장의 주어로 가지고 오는 2가지 형태의 수동태 문장을 만들 수 있습니다.

They say that he is rich.

→ It is said that he is rich.

= He is said to be rich.

 공무원영어 기출TIP: it is p.p. that구문

it is alleged that~ : ~라고 주장되다

⑤ 수동태를 쓸 수 없는 동사

수동태를 만들 수 없는 동사들이 있습니다.

1. 자동사

   목적어는 수동태 문장의 주어가 됩니다. 다음 동사들은 목적어가 없기 때문에 수동태
   를 만들 수 없습니다.

   ex) occur(발생하다), happen(발생하다), take place(발생하다), appear(나타나다),
   disappear(사라지다), remain(유지하다), seem(~처럼 보이다)…

2. 상태, 소유를 나타내는 동사

   상태나 소유를 나타내는 동사들은 의미상 수동태가 어색해서 수동태를 사용하지 않습
   니다.

   resemble(닮다), consist of(~로 구성되다), have(가지다), possess(소유하다)…

공무원영어 기출TIP: O/X

Q1. [2015 국가직 7급] Sharks have been looked more or less the same for
    hundreds of millions of years.

Q2. [2016 지방직 7급] Although diabetes is a critical threat to our health, it
    can be completely prevented.

Q3. [2015 국가직 7급] Educational problems should solve upon the agree-
    ment of the society members.

Q4. [2013 지방직 7급] The thermometer was read five degrees below zero.

Q5. [2013 지방직 7급] Other pages were never opened to the light.

Q6. [2012 국가직 9급] The arrangements were agreed on at the meeting
    last year.

Q7. [2015 교육행정직 9급] That wonderful thought was suddenly occurred after I came to Jeju.

Q8. [2012 지방직 7급] Produce from the fields was taken to market.

Q9. [2011 지방직 9급] I will be finished it if you come home.

Q10. [2016 법원직 9급] The expression was appeared in the mid-19th century.

A1. X (have been looked → have looked) [해석] 상어는 수억 년 동안 다소 비슷해 보인다.

[해설] look은 자동사로서 수동태로 사용할 수 없습니다.

A2. O [해석] 당뇨병은 우리 건강에 심각한 위협이지만 완벽히 예방할 수 있다.

[해설] it은 당뇨병을 가리키므로 prevent와의 관계가 수동입니다. 올바른 문장입니다.

A3. X (should solve → should be solved) [해석] 교육문제는 사회구성원들의 합의에 바탕을 두어 해결되어야 한다.

[해설] 교육문제는 해결되어야 하기 때문에 수동태를 사용해야 합니다.

A4. X (was read → read) [해석] 온도계는 영하 5도였다.

[해설] 어려운 문제입니다. read는 '읽다'라는 기본 의미 외에 '~라고 적혀 있다'는 의미가 있습니다. 능동태로 사용해서 '~라고 적혀 있다'라는 의미를 전달해야 합니다.

A5. O [해석] 다른 페이지는 전혀 공개되지 않았다.

[해설] open은 '공개하다'라는 의미입니다. 공개되지 않았으므로 수동태를 사용한 올바른 문장입니다.

A6. O [해석] 그 협정들은 작년 회의에서 합의된 것이다.

[해설] 협정들은 agree라는 동사의 행위를 수동적으로 당합니다. 수동태를 사용한 올바른 문장입니다.

A7. X (was suddenly occurred → suddenly occurred) [해석] 그 아주 멋진 생각은

내가 제주에 온 후에 갑자기 떠올랐다.

[해설] 동사 occur은 1형식 자동사입니다. 수동태로 사용할 수 없습니다.

A8. O [해석] 밭에서 재배한 농산물은 시장에 출하되었다.

[해설] 농산물들은 take라는 동작을 당합니다. 가져가지기 때문입니다. 수동태를 사용한 올바른 문장입니다.

A9. X (will be finished → will have finished) [해석] 네가 집에 오면 나는 그것을 이미 끝냈을 것이다.

[해설] 주어 I는 finish라는 동작을 능동적으로 수행합니다. 따라서 능동태로 문장을 고쳐야 합니다.

A10. X (was appeared → appeared) [해석] 그 표현은 19세기 중반에 등장했다.

[해설] 동사 appear은 1형식 자동사입니다. 수동태가 불가능하기 때문에 능동태로 고쳐야 합니다.

동사의 의미를 풍부하게 해주는 양념 3종인 12시제, 조동사, 수동태를 배웠습니다. 얼핏 서로 달라보이는 이 문법들은 모두 동사가 좀 더 풍부한 의미를 가질 수 있도록 동사에 의미를 더해준다는 공통점을 가지고 있습니다. 이들은 단독으로 쓰이기도 하고, 함께 쓰일 수도 있습니다. 수동태, 12시제, 조동사 중 2개 이상이 함께 모여서 사용되면, 문장의 동사 부분이 길어집니다. 당연히 문장도 길고 복잡해집니다. 고3 영어 시험에 출제된 문장을 살펴볼게요.

All the historian's powers of imagination must be harnessed to the task of bringing the past to life.

harness라는 동사에 must라는 조동사와 수동태가 양념을 더하고 있습니다. 단계별로 살펴보겠습니다.

harness 이용하다
be harnessed 이용되다 (수동 의미 추가)
must be harnessed 이용되어야 한다 (조동사 must의미 추가)

차근차근 생각하면 동사 부분을 정확하게 해석할 수 있습니다. 문장에서 동사를 정확하게 해석하는 것은 가장 중요합니다. 형용사, 부사 등은 문장을 꾸며주는 역할을 하지만, 동사는 주어의 동작, 상태를 나타내는 결정적인 정보를 전달하기 때문입니다. 이번 장에서 배운 3가지 문법을 이용하면 문장의 동사 부분을 정확하게 해석할 수 있습니다. 앞으로 문장을 해석할 때 아래의 3단계를 생각해주세요.

1단계〉 동사를 찾는다.
2단계〉 동사 부분을 12시제, 조동사, 수동태를 파악해서 정확하게 해석한다.
3단계〉 동사를 보고 문장의 형식을 생각하며 문장을 정확하게 해석한다.

중2 때 부정사, 동명사, 분사 같은 어려운 문법들이 쏟아집니다. 머리를 아프게 했던 이 영문법들을 이해하려고 애쓰다가 결국 무자비하게 외워버렸죠. 하지만 무작정 외웠던 문법들은 지금 우리 머리에 남아 있지 않죠. 그래서 이 책으로 다시 시작해야 합니다. 이 문법들은 한 번만 제대로 이해하면 오래오래 기억할 수 있습니다. 일단 부정사, 동명사, 분사는 돼지삼형제 같은 형제 관계라고 봐야 합니다. 이 문법들은 모두 동사를 가지고 만든 문법들이기 때문입니다. 이들 문법은 다음과 같이 생겼습니다.

부정사: to 동사
동명사: 동사ing
분사: 동사ing / 동사의 p.p.

3개의 문법 모두에 동사가 들어가 있는 것을 볼 수 있습니다. 이 문법들은 동사라는 한 핏줄을 가진 것들입니다. 아버지인 동사의 특징을 그대로 가지고 있습니다. 동사의 특징은 다음과 같습니다.

1. 모든 동사에는 주어가 있다.
2. 모든 동사는 부정할 수 있다.
3. 모든 동사는 시제를 가진다.
4. 모든 동사는 능동태/수동태 중 하나이다.

부정사, 동명사, 분사를 공부하다 보면 의미상의 주어, 부정, 시제라는 말이 공통적으로 나오는데, 이는 3개 문법의 아버지가 같아서 그런 겁니다. 이 3개 문법이 동사를 이용해 만든 형제 관계의 문법이라는 것만 이해해도 훌륭한 출발입니다. 삼형제의 맏형격인 to부정사부터 시작하겠습니다.

DAY 04
핵심영문법 정복하기:
부정사

to부정사의 탄생과 형태

to부정사의 탄생

앞서 배운 8품사와 S, V, O, C와의 관계에 의하면, 동사라는 품사가 할 수 있는 역할은 V밖에 없습니다. 세상에는 수많은 동사들이 있는데, 활용을 너무 못하는 거죠. 이것은 영어라는 언어 전체를 놓고 봤을 때 굉장한 낭비입니다. 그래서 영문법에서는 다양한 방법으로 영어의 '동사'를 활용합니다. to부정사도 그 중의 하나입니다.

영어 마을에 명사와 동사가 태어납니다. 어렸을 때는 같이 어울렸는데 어른이 되고 보니 명사는 주어, 목적어, 보어라는 무려 3개의 직업을 가질 수 있는데 동사는 동사밖에 선택권이 없습니다.

그래서 동사는 자기도 다양한 직업을 가지겠다고 결심합니다. 예전에 아내가 점 하나 찍고 다른 사람이 되어서 전남편에게 복수하는 드라마가 인기였죠? 동사가 'to'를 하나 붙이면서 완전히 변신합니다. 동사에 to를 붙이면 'to부정사'로 다시 태어나면서 품사적으로 동사가 아닌 명사, 형용사, 부사가 됩니다. 그래서 to부정사는 명사, 형용사, 부사가 하던 역할을 그대로 이어 받을 수 있게 되는데 이것을 우리는 to부정사의 명사적 용법, 형용사적 용법, 부사적 용법이라고 합니다.

to부정사의 형태

to부정사의 모습은 생각보다 다양합니다. to다음에 위치하는 동사가 5가지 종류가 있기 때문에 to부정사도 5가지 형태입니다.

1. to + 1형식 동사 + (전치사구) to go to school
2. to + 2형식 동사 + 주격보어 to be a teacher

3. to + 3형식 동사 + 목적어 to study English

4. to + 4형식 동사 + 간접목적어 + 직접목적어 to give her a candy

5. to + 5형식 동사 + 목적어 + 목적격보어 to make her happy

🔍 중간 정리 ┈┈

1. 동사 앞에 to를 붙이면 to부정사가 된다.

2. to부정사는 품사적으로 동사가 아닌 명사, 형용사, 부사가 된다.

3. to부정사는 품사적으로 명사, 형용사, 부사가 하던 역할을 똑같이 하게 된다.

4. to부정사의 형태는 5가지이다.

DAY 04
to부정사의 명사적 용법

to부정사의 명사적 용법

to부정사가 명사라는 품사가 하던 역할을 그대로 하는 것을 명사적 용법이라고 부릅니다. 영어에서 명사가 하는 역할은 주어, 목적어, 보어 역할입니다. 먼저 명사의 역할을 잠시 복습합니다.

① 명사의 역할

1. 주어 역할: The girl is pretty.
2. 목적어 역할: I drink water.
3. 보어 역할: He is a teacher. (주격보어)

              We elected him a president. (목적격보어)

② to부정사의 명사적 용법

명사가 쓰이던 자리에 명사를 빼고 to부정사를 넣으면 그것이 to부정사의 명사적 용법입니다. to부정사의 명사적 용법을 특별하게 외울 것도 없이, 원래 명사가 있던 자리에 to부정사를 그대로 넣으면 됩니다. '~하는 것'으로 해석합니다.

1. 주어 역할: To study is important. 공부하는 것은 중요하다.
2. 목적어 역할: She plans to go to Paris. 그녀는 파리에 갈 계획이다.
3. 보어 역할: My job is to teach English. (주격보어) 내 직업은 영어를 가르치는 것이다. / I want her to be quiet. (목적격보어) 나는 그녀가 조용하기를 원한다.

여기에 하나의 쓰임을 더 추가합니다.

4. '의문사 + to부정사'도 명사적 용법이다.

의문사는 궁금한 내용을 물어볼 때 사용하는 말로서 종류에는 who/when/where/what/how가 있습니다. 여기에 to부정사를 더하면 문장에서 주어, 목적어, 보어 역할을 하게 되기 때문에 명사적 용법으로 분류합니다.

I don't know what to do. 무엇을 해야 할지 모르겠다.
I learned how to cook spaghetti. 나는 스파게티를 요리하는 법을 배웠다.
※'why + to부정사'의 형태는 사용할 수 없습니다.

to부정사는 영문법을 대표하는 문법인 만큼 실생활에서 많이 쓰입니다. to부정사의 명사적 용법을 이용한 영화 〈노예 12년〉의 명대사를 소개합니다.

"I don't want to survive. I want to live."
"나는 생존하기를 원하지 않는다. 나는 살기를 원한다."

1840년 노예 수입이 금지되자 흑인을 납치해서 노예로 팔아넘기던 때를 배경으로 한 영화 〈노예 12년〉은 인권에 대해 깊은 생각을 하게 하는 명작입니다. 자유로운 삶을 누리던 음악가 솔로몬 노섭(치웨텔 에지오포)은 어느 날 갑자기 납치되어 노예로 12년간 생활하게 됩니다.

이 영화에는 to부정사를 이용한 의미심장한 대사가 나옵니다. survive는 최소한의 생존이 보장되는 것을 뜻하고, live는 인간으로서 자유로운 삶을 사는 것을 말합니다. to survive와 to live가 각각 want에 대한 목적어로 쓰이면서 인간으로서의 삶을 갈구하는 주인공의 마음을 담은 대사를 완성합니다. 명사적 용법으로 이런 멋진 대사를 만들 수 있답니다.

공무원영어 기출TIP: to부정사의 명사적 용법 연습하기

1. [2011 국가직 7급] I hope to see more of you.
2. [2010 국가직 7급] He hasn't decided where to stay during his trip.
3. [2014 국가직 7급] To work is one thing, and to make money is another.
4. [2013 지방직 7급] The police squad began to approach the building.
5. [2016 기상직 9급] On the other hand, many women choose to go out to work.

가주어와 가목적어

가주어와 가목적어라는 문법을 한 번쯤 들어봤을 겁니다. 주어가 너무 길면 의미가 잘 전달되지 않습니다. 그래서 보통 긴 주어는 뒤로 보내고 그 자리에 가짜 주어 it을 집어넣습니다. 이때 가짜주어 it을 가주어, 뒤로 보낸 진짜 주어를 진주어라고 합니다. to부정사를 주어로 사용하면 주어가 길기 때문에, 가짜 주어 it을 주어 자리에 쓰고 to부정사는 뒤로 보내는 경우가 많습니다.

① 가주어와 진주어

To live without air is impossible. 공기 없이 사는 것은 불가능하다.

→ It is impossible to live without air.
　가주어　　　　　　　　진주어

이번에는 가목적어를 살펴봅니다. to부정사를 목적어로 사용하는 5형식 문장에서 목적어 자리에 it을 대신 쓰고 to부정사를 뒤로 보냅니다. 이때 대신 쓴 it

148

은 가목적어, 뒤로 보내진 to부정사는 진목적어가 됩니다. 가목적어는 5형식 문장에서만 일어나는 현상이며, to부정사는 5형식 문장의 목적어로 사용할 수 없기에 반드시 가목적어 it을 쓰고 to부정사는 뒤로 보내야 합니다. 이것은 법칙이라서 선택이 아닌 의무입니다.

공무원영어 기출TIP: 가주어 연습하기

1. [2008 지방직 9급 응용] It is foolish of you to do such a thing.
2. [2011 서울시 9급 응용] It is stupid of her to make that mistake.
3. [2009 서울시(세무 기술직) 9급] It must be rewarding to be looked up to by many people.
4. [2015 지방직 9급] It's easier to make a phone call than to write a letter.
5. [2011 법원행정처 9급] It is common these days to eat a healthy and balanced diet.

[해석]
1. 네가 그러한 짓을 했다니 어리석다.
2. 그녀가 그런 실수를 한 것은 어리석다.
3. 많은 사람들에게 존경을 받는다는 것은 보람 있는 일임에 틀림 없다.
4. 전화하는 것이 편지 쓰는 것보다 더 쉽다.
5. 요즘엔 건강에 좋고 균형 잡힌 식단을 먹는 일은 흔한 일이다.

② 가목적어와 진목적어

I found to study English interesting. (X) 나는 영어 공부하는 것이 흥미롭다고 느꼈다.

→ I found <u>it</u> interesting <u>to study English</u>. (O)
　　　가목적어　　　　　　　진목적어

가목적어는 가장 복잡한 문장의 형식인 5형식에서 일어나는 문법이라서 까다
롭습니다. 가목적어가 활용된 문장들을 아래의 예문들을 통해 조금 더 만나봅
니다.

I found it interesting to study Chinese.
나는 중국어를 공부하는 것이 흥미롭다고 느꼈다.
I found it difficult to finish the task in two hours.
나는 두 시간 안에 그 일을 마치는 것이 어렵다고 느꼈다.
He considered it best to say nothing about the matter.
그는 그 문제에 대해서 아무 말도 하지 않는 것이 최고라고 여겼다.

공무원영어 기출TIP: 가목적어 연습하기

1. [2009 지방직(하반기) 7급 응용] I thought it useless to fight with them.
2. [2009 국가직 9급] I found it stupid to drive under the influence.
3. [2010 지방직(상반기) 9급] I think it impossible to hand in the paper by tomorrow.
4 [2017 지방직 9급] I made it a rule to call him two or three times a month.
5. [2009 국가직 7급] The university should make it easier for students to register for classes.
6. [2017 국가직 9급 응용] Two factors have made it difficult for scientists to determine the number of species on Earth.

[해석]

1. 나는 그들과 싸우는 것이 소용없다고 생각했다.

2. 음주운전을 하는 것은 어리석은 짓이라는 것을 알았다.

3. 내일까지 **논문**을 제출하는 것은 **불가능**하다고 생각한다.

4. 나는 매달 두세 번 그에게 전화하기로 규칙을 세웠다.

5. 대학은 학생들이 수강신청을 좀 더 쉽게 할 수 있도록 해줘야 한다.

6. 2가지 요소가 과학자들이 지구상의 종의 숫자를 결정하는 것을 어렵게 만들어 왔다.

공무원영어 기출TIP: 가주어 관용표현

It is believed that	~라고 믿어지다
It is alleged that	~라고 주장되다
It is ensured that	~라고 확신하다
It is reminded that	~라고 상기되다

 중간 정리

1. to부정사는 명사, 형용사, 부사의 역할을 할 수 있다.

2. 명사 역할을 하는 것은 명사적 용법이다.

3. to부정사는 명사적 용법으로 쓰여서 주어, 목적어, 보어의 역할을 한다.

4. '의문사 + to부정사'도 명사적 용법이다.

5. 주어, 목적어가 길면 가주어, 가목적어라는 문법을 이용한다.

to부정사의 형용사적 용법

to부정사의 형용사적 용법

to부정사의 형용사적 용법을 이해하기 위해서 먼저 형용사라는 품사가 영어

에서 하는 역할을 정리합니다.

형용사의 역할은 2가지입니다.

1. 명사 수식: <u>pretty</u> girl
2. 보어 역할: She is <u>pretty</u>.

이 2가지 역할을 to부정사가 그대로 합니다.

① to부정사의 형용사적 용법 1: 명사 수식

We have no food to eat. 우리는 먹을 음식이 없다.
I have some work to finish. 나는 마쳐야 할 일이 약간 있다.

② to부정사의 형용사적 용법 2: 보어 역할

to부정사를 주격보어 자리에 쓸 때는 주의할 것이 있습니다. 보어 자리에 to부정사가 있으면 명사적 용법일 수도 있고, 형용사적 용법일 수도 있습니다. 두 개의 구별은 잠시 후에 알아보고, 일단 형용사적 용법을 알아봅니다. 보어 자리에 쓰인 to부정사가 형용사적 용법으로 쓰이면 [be to용법]이라는 것이 만들어집니다.

③ to부정사의 형용사적 용법 3: be to 용법

to부정사가 주격보어 자리에 쓰여서 '형용사적 용법'으로서 '예정/의무/의도/가능/운명'의 의미를 나타냅니다. 맥락에 맞게 해석해야 합니다.

The President is to make a visit to New York next week. (예정)
대통령은 다음 주에 뉴욕을 방문할 예정이다.
You are to respect your parents all the time. (의무)
너는 항상 너의 부모님을 존경해야 한다.
If you are to succeed, you must save your time. (의도)
만약 성공하고 싶으면, 너는 시간을 절약해야 한다.
No one was to be seen at school. (가능)

아무도 학교에서 보이지 않는다.

The princess was to get married to an ugly frog. (운명)

공주는 못생긴 개구리와 결혼할 운명이었다.

Q. 보어 자리에 to부정사가 있으면 명사적 용법? 형용사적 용법?

A. 이런 고민이 생기는 이유는 원래 보어 자리에 명사, 형용사가 둘 다 올 수 있기 때문입니다. to부정사가 명사의 자격으로 오면 명사적 용법이 되고, 형용사의 자격으로 오면 형용사적 용법이 되는 겁니다. 겉으로 보면 닮았지만, 조금만 들여다보면, 그 차이를 확실하게 알 수 있습니다.

to부정사의 명사적 용법

이때는 주어와 보어가 같은 것입니다. 아래 문장에서 주어인 my hobby가 곧 to collect stamps입니다. 내 취미가 곧 우표를 수집하는 것이죠.

My hobby is to collect stamps. 나의 취미는 우표를 수집하는 것이다.

to부정사의 형용사적 용법

주어와 보어가 같지 않고, be to 용법으로 해석을 해야 합니다. 아래 문장은 '예정'의 의미로 해석해야 합니다.

I am to meet her this afternoon. 나는 오늘 오후에 그녀를 만날 예정이다.

---

be to 용법은 보통의 문법책에서는 다루지 않기도 합니다. 그만큼 초급 단계에서는 까다로울 수 있는 문법입니다. 하지만 원래 보어 자리에 명사, 형용사가 위치할 수 있으니 to부정사도 명사, 형용사의 자격으로 보어 자리에 올 수 있다고 생각하면 충분히 이해할 수 있는 문법입니다. 주어와 보어가 같은 내용이 아닐 때, 특별한 의미를 가진 be to 용법을 떠올려주세요.

공무원영어 기출TIP: to부정사의 형용사적 용법 연습하기

1. [2014 국가직 7급] She would be the last person to go along with the plan.
2. [2009 국가직 7급] He failed in his attempt to take control of the company.
3. [2012 지방직 9급] Without plants to eat, animals must leave from their habitat.
4. [2015 국가직 9급] The best way to find out if you can trust somebody is to trust that person.

[해석]
1. 그녀는 그 계획을 계속 따라 갈 사람이 결코 아닐 것이다.
2. 회사를 지배하려고 한 그의 노력은 실패했다.
3. 먹을 식물들이 없다면, 동물들은 그들의 서식지를 떠나야 한다.
4. 당신이 누군가를 믿을 수 있는지 알아보는 최선책은 그 사람을 믿는 것이다.

🔍 중간 정리

1. to부정사의 형용사적 용법은 명사 수식, 보어 역할을 한다.
2. 보어 역할을 하는 to부정사의 용법은 'be to 용법'이라고 부르고 '예정, 의무, 의도, 가능, 운명' 등을 나타낸다.

to부정사의 부사적 용법

to부정사의 부사적 용법

to부정사의 부사적 용법을 이해하기 위해서 부사라는 품사에 대해서 먼저 알아봅니다. 부사는 문장의 주재료가 아닙니다. 요리를 다한 다음에 뿌리는 참깨처럼 문장의 의미를 더해주는 역할을 합니다. to부정사의 부사적 용법도 문장에 의미만 더해 줍니다.

1. 목적: ~하기 위하여, ~하려고
   I went to the airport to see her off. 나는 그녀를 배웅하려고 공항에 갔다.

2. 감정의 원인: ~하니, ~해서(감정의 원인을 to부정사로 나타냅니다)
   감정 형용사 (angry, disappointed, glad, sorry, happy, surprised, pleased, proud…) + to부정사

Nice to meet you. 만나서 반갑다.

3. 판단의 근거: ~하다니, ~하니

He must be silly to say so. 그렇게 말하다니 그는 어리석음에 틀림없다.

4. 결과: ~해서 (그 결과) ~하다

He awoke only to find himself alone in the house.

그는 깨어나서 그가 집에 혼자 있다는 것을 알게 되었다.

5. 형용사 수식: to부정사 바로 앞의 형용사의 의미를 수식

Swimming is hard to learn.

수영은 배우기 어렵다.

공무원영어 기출TIP: to부정사의 부사적 용법 연습하기

1. [2010 국가직 9급] It is by no means easy to learn English.
2. [2013 지방직 7급] We are anxious for him to return home safe.
3. [2012 지방직 7급] To build their nests, swallows use their bills as needles.
4. [2014 서울시 9급] Sometimes there is nothing you can do to stop yourself falling ill.
5. [2014 지방직 7급] I must work harder to make up for the results of my last term examination.

[해석]
1. 영어를 배우는 것은 결코 쉬운 일은 아니다.
2. 우리는 그가 집으로 무사히 돌아오기를 간절히 바라고 있다.

3. 제비들은 둥지를 만들기 위하여 자신들의 부리를 바늘처럼 사용한다.

4. 때로는 자신이 병에 걸리는 것을 막기 위해 할 수 있는 것이 아무것도 없다.

5. 나는 지난 학기의 시험 결과를 만회하기 위해서 더 열심히 공부해야 한다.

Q. to부정사의 3가지 용법을 어떻게 구별하죠?

A. to부정사에서 3가지 용법을 구별하는 것은 매우 중요합니다. 문법 문제로도 자주 출제가 되고, 무엇보다 해석을 위해서는 반드시 3가지 용법을 구별해야 합니다. 일단 3가지 용법을 정리해봅니다.

to부정사의 3가지 용법

명사적 용법: 문장에서 주어, 목적어, 보어 역할, 의문사 + to부정사

형용사적 용법: 명사 수식, 주격보어 역할 (be to 용법)

부사적 용법: 문장에 의미를 더해 주는 역할 (목적, 결과, 원인, 판단의 근거, 형용사 수식)

이를 바탕으로 다음과 같이 3가지 용법을 구별할 수 있습니다.

1. 명사적 용법: 문장의 주요 구성 성분인 주어, 목적어, 보어 자리에 to부정사가 있다면 명사적 용법!

   She decided to start studying Spanish. 그녀는 스페인어를 공부하기로 결심했다.

2. 형용사적 용법: to부정사가 주어, 목적어, 보어로 쓰이지 않았고, 바로 왼쪽의 명사를 수식하고 있다면 형용사적 용법! 물론 be to 용법의 가능성도 생각해야 합니다.

   I sent her a paper to write on. 나는 그녀에게 쓸 종이를 보냈다.

3. 부사적 용법: to부정사가 문장의 주어, 목적어, 보어가 아니며 왼쪽의 명사도 수식하

고 있지 않은 경우라면? 부사적 용법!

Nice to meet you. 만나서 반가워.

가장 중요한 to부정사의 3가지 용법을 모두 익혔습니다. 3가지 용법을 구별하는 것은 무엇보다 정확한 독해를 위해서 필요합니다. 3가지 용법을 정확하게 구별할 수 있는 정도의 실력이 되어야 문장을 정확하게 해석할 수 있습니다. 많은 문장들을 경험하면서 to부정사의 명사적 용법, 형용사적 용법, 부사적 용법을 익혀주세요.

 중간 정리

1. to부정사의 부사적 용법은 문장의 의미를 풍부하게 한다.
2. to부정사의 3가지 용법을 구별하는 것은 중요하다.

to부정사의 의미상 주어

to 부정사의 의미상 주어

의미상 주어라는 말은 to부정사, 동명사, 분사 모두에서 볼 수 있습니다. 모든 동사는 그 동사에 대한 주어가 있는데, 이들 문법들도 동사를 뼈대로 만든 문법들이기 때문에 주어가 있습니다. to부정사의 의미상 주어는 to부정사에 쓰인 동사의 주어가 무엇인지를 생각하면 됩니다. to eat이라는 to부정사를 봤다면 eat에 대한 주어를 문장 내에서 찾으면 그것이 의미상 주어입니다. to부정사의 의미상 주어는 3가지로 나누어서 이해합니다.

① to부정사의 의미상 주어가 문장에 있는 경우

to부정사의 동사의 주인이 문장 안에 이미 존재하는 경우입니다. 따로 추가할 것이 없습니다.

I want to sleep. 나는 잠을 자기를 원한다.

이때 sleep이라는 동작을 하는 주인공은 I입니다. 따라서 I가 to sleep의 의미
상 주어입니다. 간단하죠?

② to부정사의 의미상 주어 'for+목적격'

문장 내에 to부정사의 동작의 주인이 없다면 기본적으로 'for+목적격'의 형태
로 추가해야 합니다.

It's not easy for me to break the bad habit. 내가 나쁜 습관을 없애는 것은 쉽지 않다.

to break에서 break라는 동작의 주체가 문장에 없기 때문에 'for me'의 형태
로 의미상의 주어를 추가했습니다.

③ to부정사의 의미상 주어 'of+목적격'

to부정사의 의미상 주어를 추가하려고 할 때, 사람의 성격이나 성질에 대한 판
단을 나타내는 형용사(good, kind, generous, nice, polite, clever, foolish, silly,
stupid, careless, rude, cruel, wrong, selfish)가 근처에 있다면 'of+목적격'을
사용합니다.

It's kind of him to help me. 그가 나를 도와주다니 (그는) 친절하구나.

to부정사의 의미상 주어는 for, of를 무조건 외우는 문법이 아닙니다. to부정사에 동사가 들어 있고, 모든 동사는 주어를 가지니, to부정사의 동사도 주어를 가져야 합니다. 그 주어가 문장에 드러나있을 때에는 따로 무언가를 추가할 필요가 없지만, 문장에 없을 때에는 for 또는 of를 이용해서 의미상 주어를 추가합니다. 문장의 진짜 주어는 따로 있으니, 의미상 주어라고 부르는 것입니다. 이렇게 또 하나의 문법을 마스터하셨습니다.

🔍 중간 정리 ···

1. to부정사의 의미상 주어는 to부정사의 동사의 주어를 말합니다.
2. 문장에 to부정사의 의미상 주어가 있으면 따로 추가할 것이 없습니다.
3. 문장에 to부정사의 주어가 없다면 'for+목적격' 또는 'of+목적격'으로 나타냅니다.

to부정사의 기타 사항들

to부정사의 부정

to부정사를 부정할 때는 to부정사 바로 왼쪽에 not이나 never를 붙입니다. 간
단하죠?

> 형태: not/never + to부정사
> I decided not to sleep. 나는 자지 않기로 결심했다.
> She asked me never to call her again. 그녀는 나에게 다시는 그녀에게 전화하지
> 말라고 요청했다.

to부정사의 시제

to부정사의 시제는 딱 2가지입니다. 단순 시제와 완료 시제가 그것입니다. 기

존에 배운 동사의 12시제와는 아무런 관련이 없습니다. to부정사가 쓰인 문장에는 문장의 진짜 동사와 to부정사에 쓰인 동사, 이렇게 2개의 동사들이 보입니다.

S + V ...... to V
진짜 동사   to부정사의 동사

이때 to부정사의 동사가 문장의 진짜 동사와 같은 시점에서 일어난 일이라면 '단순 시제'를 씁니다. to부정사가 진짜 동사보다 하나 더 과거에 일어났다면 '완료 시제'를 사용합니다.

① to부정사의 단순 시제

형태 : to 동사
I want to go home. 나는 집에 가기를 원한다.

want와 go, 이 2개의 동사 모두 현재 일어나고 있는 일입니다. 같은 시제에서 발생하는 일들이죠. 그래서 단순 시제를 이용해서 나타냈습니다.

② to부정사의 완료 시제

형태: to have p.p.
He seems to have been rich. 그는 부자였던 것처럼 보인다.

이 문장에서 그가 seem(~처럼 보이다)하는 것은 현재이고, 부자였던 것은 과거입니다. 그래서 완료 시제를 사용했습니다.

Q. to부정사의 시제와, 동사의 12시제는 다른 건가요?

A. to부정사의 시제는 동사의 12시제와는 아무런 관련이 없습니다. 특히 to부정사의 완료 시제는 'have p.p.'의 형태를 가지고 있어서 동사의 '현재완료' 시제가 자연스럽게 연상이 됩니다. 하지만 아무런 관련이 없다고 다시 한 번 마음에 새겨야 합니다. to부정사에서는 문장의 진짜 동사와 같은 시제면 단순 시제, 하나 더 과거에 일어난 일이면 완료 시제, 이렇게 2가지만 기억하면 됩니다.

---

to부정사의 수동태

to부정사가 동사를 이용한 문법이기 때문에 수동태로 만들 수 있습니다. 2개의 시제를 수동태로 만들어볼게요. 수동의 느낌을 더해서 해석하면 됩니다.

① 단순 시제의 수동태

형태: to be p.p.

I'm happy to be invited to the party. 나는 파티에 초대되어서 기쁘다.

(초대를 한 것이 아니라 초대를 받은 것이죠?)

② 완료 시제의 수동태

형태: to have been p.p.

I am happy to have been chosen a captain of my class.

나는 우리 반의 반장으로 뽑혀서 기뻤다.

(반장으로 뽑은 것이 아니라 뽑힌 것이죠?)

to부정사의 관용표현

to부정사를 이용한 관용표현들을 눈에 넣어두면 독해의 속도를 높일 수 있습니다. 관용표현이라는 것은 습'관'적으로 사'용'되는 표현들을 말합니다.

① too + 형용사(부사) + to부정사

해석: 너무 ~해서 …할 수 없는

I'm too tired to go to the meeting.

나는 너무 피곤해서 모임에 갈 수 없다.

That box was too heavy to lift.

저 상자는 너무 무거워서 들 수가 없었다.

He was too sick to go to school.

그는 너무 아파서 학교에 갈 수 없었다.

The pizza is too hot to eat.

피자가 너무 뜨거워서 먹을 수가 없다.

② 형용사(부사) + enough to부정사

해석: ~할 만큼 충분히 …한

Ian was kind enough to take me home.

Ian은 나를 집에 데려다 줄 만큼 충분히 친절했다.

166

My camera is small enough to carry in my pocket.

내 카메라는 호주머니에 넣고 다닐 만큼 충분히 작다.

She is smart enough to get good grades in science.

그녀는 과학에서 좋은 점수를 받을 수 있을 정도로 충분히 똑똑하다.

He is rich enough to buy a big house with a garden.

그는 정원이 있는 큰 집을 살 수 있을 정도로 충분히 부자이다.

 공무원영어 기출TIP: to부정사 관용표현

have no choice but to 동사	~할 수밖에 없다
It takes 시간 to 동사	~하는 데 시간이 걸리다
not much to look at	볼품이 없다
not to mention	~은 말할 것도 없이
the last man to 동사	결코 ~하지 않을 사람
to put it in a nutshell	아주 간결하게 말해서

to부정사의 관용표현은 공무원 영어 시험에 자주 활용됩니다. 특별한 공식이 있다기보다는 원래부터 이렇게 써야 하기 때문에 자연스럽게 정답을 찾아줘야 하는 문제들입니다. 관용표현과 이 표현들이 활용된 문장들을 많이 접해봐야 합니다.

1. [2008 지방직(하반기) 7급] I am only too glad to accept it.

2. [2011 국가직 9급] He is the last person to deceive you.

3. [2014 지방직 7급] The bag was too heavy for me to lift it.

4. [2011 국가직 7급] To put it in a nutshell, this is a waste of time.

5. [2016 지방직 9급] The poor woman couldn't afford to get a smartphone.

6. [2011 지방직 9급] I decided I was too afraid to dive from that height.

7. [2014 국가직 9급] She does not like going outdoor, not to mention mountain climbing.

[해석]

1. 나는 기꺼이 그것을 받아들이겠다. ※only too glad to: 기꺼이 하다

2. 그는 결코 당신을 속일 사람이 아니다.

3. 그 가방은 너무 무거워서 내가 들어 올릴 수 없었다.

4. 간단명료하게 말하자면, 이것은 시간 낭비이다.

5. 그 가난한 여자는 스마트폰을 구입할 형편이 안 되었다.

6. 나는 너무 무서워서 그 높이에서 뛰어내릴 수 없다고 결정했다.

7. 그녀는 등산은 말할 것도 없고, 야외에 나가는 것을 좋아하지 않는다.

🔍 중간 정리 ··

1. to부정사의 부정은 to부정사 앞에 not, never를 붙여준다.

2. to부정사의 시제는 단순 시제, 완료 시제의 2가지이다.

3. 문장의 진짜 동사와 to부정사의 시제가 같으면 단순 시제로 표현하고, to부정사가 한 시제 더 이전에 일어났으면 완료 시제로 표현한다.

4. to부정사는 수동태의 형태로 사용할 수 있다.

다양한 한자어로 된 문법 용어들에 집중하면
'문장 해석'이라는 문법의 원래 목적을 놓칩니다.
문법은 문장을 해석하기 위한 도구로 사용해야 합니다.

동사를 명사로 만든 문법이 동명사입니다. 동사에 ing를 붙여서 동명사를 만듭니다. 여기서 의문이 하나

생깁니다. 이미 우리는 동사에 to를 붙여 to부정사를 만들어서 동사를 명사로 만들었습니다. 그런데 동

명사는 왜 필요한 걸까요? to부정사와 동명사의 관계는 오른쪽

그림과 같습니다. 여기서 A에 해당하는 부분은 to부정사와 동명

사가 겹치는 부분입니다. 둘 중 어느 것을 써도 괜찮은 영역입

니다. 문장의 주어, 보어 자리에는 to부정사, 동명사 중 어느 것

을 써도 같은 의미입니다.

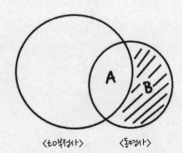

<to부정사>   <동명사>

1. 주어 역할

Learning is fun. 배우는 것은 재밌다.

= To learn is fun.

2. 보어 역할

My favorite activity is reading. 내가 제일 좋아하는 활동은 독서이다.

= My favorite activity is to read.

하지만 동명사라는 문법이 필요한 이유는 위 그림의 B영역 때문입니다. to부정사는 못하고, 동명사만이

할 수 있는 역할이 2가지 있습니다. 이번 장에서는 이 부분을 중점적으로 학습합니다.

DAY 05
핵심영문법 정복하기: 동명사

동명사만의 2가지 역할

동명사의 역할 1: 특정 동사의 목적어

사람마다 이상형이 다르듯이 동사에게도 이상형이 있습니다. 어떤 동사는 동명사만을 목적어로 좋아하고, 어떤 동사는 to부정사만을 목적어로 취하려고 합니다. 이게 특별한 이유가 없습니다. 이상형에도 별다른 이유가 없잖아요? 그래서 우리는 어떤 동사가 to부정사를 좋아하고, 어떤 동사가 동명사를 좋아하는지 외워야 합니다.

① to부정사만을 목적어로 취하는 동사

아래 동사들은 모두 목적어로 to부정사만을 사용합니다. 동명사는 사용할 수 없습니다.

afford(~할 여유가 있다)	agree(동의하다)	ask(묻다)
care(주의하다, 관심을 갖다)	claim(주장하다)	decide(결정하다)
demand(수요하다)	expect(기대하다)	fail(실패하다)
hesitate(주저하다, 망설이다)	hope(바라다)	learn(배우다)
manage(잘 해내다)	mean(의미하다)	offer(제공하다)
plan(계획하다)	prepare(준비하다)	pretend(~인 척하다, 속이다)
promise(약속하다)	refuse(거절하다)	seek(구하다)
struggle(몸부림치다)	swear(맹세하다)	threaten(위협하다)
volunteer(~을 자원하다)	wait(기다리다)	want(원하다)
wish(바라다)	would like(~하고 싶다)	

I hope to pass the exam. 나는 시험을 통과하기를 희망한다.

We decided to go out. 우리는 나가기로 결심했다.

I promised not to be late. 나는 늦지 않기로 약속했다.

He managed to open the door without the key. 그는 열쇠 없이 가까스로 문을 열었다.

Nancy seemed to be disappointed. Nancy는 실망한 것처럼 보인다.

They expect to arrive early. 그들은 일찍 도착하기를 기대한다.

We intend to visit you next spring. 우리는 내년 여름에 너의 집을 방문하려고 한다.

The child pretended to be a monster. 그 아이는 괴물인 척 했다.

He tends to be a little shy. 그는 약간 부끄러워하는 경향이 있다.

He deserves to go to jail. 그는 감옥에 가야 마땅하다.

뭔가 외울 것이 많아서 머리가 아프죠? 잠시 머리 식히고 갑니다. 마블의 뭔가 부족한 엉뚱히어로들이 모여서 '가디언즈 오브 갤럭시'가 되어서 우주를 구하는 영화, 다들 아시죠? 〈가디언즈 오브 갤럭시 Vol. 2〉에 다음과 같은 대사를 극 중 너구리인 '로켓'이 말합니다.

"I can afford to lose only one friend today."
"나는 오늘 한 명의 친구를 잃을 여유밖에 없어."

영화의 하이라이트에 등장하는 대사입니다. 주인공 피터가 악당과 싸우는 동
안 그를 남기고 떠날 수밖에 없는 상황에서 다른 동료들이 피터를 구하려고 하
자 '로켓'은 이런 말을 합니다. afford는 어떤 일을 할 수 있는 여유가 있음을
나타냅니다. to부정사만을 목적어로 취하죠. 피터 한 명을 잃더라도 다른 동료
들을 구하고 싶은 마음이 위 대사에 묻어납니다.

② 동명사만을 목적어로 취하는 동사

아래 동사들은 동명사만을 목적어로 취합니다. 목적어로 to부정사는 사용할
수 없습니다. 이 동사들 덕분에 동명사가 존재합니다.

admit(허락하다)	advocate(옹호하다)	allow(허용하다)
anticipate(예상하다)	avoid(회피하다)	consider(고려하다)
delay(늦추다)	deny(부정하다)	discontinue(중단하다)
discuss(토론하다)	dislike(좋아하지 않다)	enjoy(즐기다)
finish(끝내다)	give up(포기하다)	include(포함하다)
keep((계속)유지하다)	mention(잘 해내다)	mind(상관하다)
miss(그리워하다),	postpone(연기하다)	practice(연습(실행)하다)
quit(중지하다)	recall(~을 생각해내다, 상기하다)	recollect(다시 모으다)

recommend(~을 추천하다)	resent(분개하다),	resist(저항하다)
risk(모험하다)	stop(그만하다)	suggest(제안하다)
tolerate(관대히 다루다, 너그럽게 봐주다)	understand(이해하다)	complete(완료하다)

Suddenly everybody stopped talking. 갑자기 모두는 이야기를 멈췄다.

He avoided answering my question. 그는 나의 질문에 답하기를 피했다.

He denied committing the crime. 그는 범행을 저지른 것을 부인했다.

She misses living near the beach. 그녀는 해변 근처에 사는 것을 그리워한다.

He postponed returning to Paris. 그는 파리로 돌아가는 것을 연기했다.

She practised singing the song. 그녀는 노래 부르는 것을 연습했다.

She considered moving to New York. 그녀는 뉴욕으로 이사 가는 것을 고려했다.

He admitted cheating on the test. 그는 시험에서 부정행위한 것을 인정했다.

I enjoyed living in Korea. 나는 한국에서 사는 것을 즐겼다.

He suggested staying at home. 그는 집에 머물 것을 제안했다.

Q. stop은 to부정사, 동명사 모두 목적어로 사용할 수 있지 않나요?

A. 학창 시절 우리의 기억에 남아 있는 2개의 문장이 있습니다.

I stopped smoking. 나는 담배 피는 것을 멈추었다.
I stopped to smoke. 나는 담배를 피기 위해서 멈추었다.

다들 기억하시나요? 이 두 문장이 워낙 강조되다 보니 많은 분들이 동사 stop이 동명사, to부정사를 모두 목적어로 취할 수 있다고 생각하시는데요. 해석을 다시 한 번 살펴보면 그것이 아니라는 것을 알 수 있습니다.

I stopped smoking.

이 문장에서 smoking은 stop의 목적어로 해석되고 있습니다.

I stopped to smoke.

이 문장의 해석을 보면 '담배를 피기 위해서'입니다. 이는 목적을 나타내고 이때 to smoke는 to부정사가 '부사적 용법'으로 쓰인 겁니다. 부사적 용법은 부사이지 목적어가 아닙니다. 따라서 이때는 목적어로 to부정사가 쓰인 것이 아닙니다.

외울 것이 너무 많았죠? 머리 좀 식히고 가겠습니다. 인간에게 납치된 니모를 아빠 물고기 말린이 찾아 나서는 여정을 그린 〈니모를 찾아서〉도 픽사(PIXAR) 의 수많은 명작 중 하나입니다. 이 영화에는 아래와 같은 대사가 나옵니다.

"Just keep swimming." "그저 계속 헤엄쳐."

동사 keep의 목적어로 동명사 swimming을 사용했습니다. keep은 목적어로 동명사만 취하는 동사입니다. 간단한 문장으로도 충분히 감동을 전달할 수 있는 명대사가 만들어진답니다.

③ to부정사와 동명사를 모두 목적어로 취하는 동사

어떤 동사는 to부정사와 동명사를 모두 목적어로 취하는 대신 의미가 심하게 달라지는데 학창 시절에 이 문법이 시험에 단골로 출제되곤 했었죠. 이들을 제 대로 이해하기 위해서는 2가지를 알아야 합니다.

to부정사 목적어는 아직 실시하지 않은 동작을 미래에 실시하겠다는 뜻입니다. remember to meet이라는 표현은 아직 meet하지 않았는데 미래에 만날 것임을 말하는 겁니다. 동명사는 이미 과거에 실시한 동작에 대해서 이야기하는 겁니다. remember meeting이라고 하면 과거에 이미 만났었는데, 만났었다는 사실을 기억한다는 겁니다.

	동작의 실시 여부	과거/미래
to부정사 목적어	실시 안 했음	미래의 일
동명사 목적어	실시했음	과거의 일

이 문법에서 자주 등장하는 동사들은 딱 4개입니다.

1. remember

   remember ~ing: (이전에) ~한 것을 기억하다

   remember to ~: ~해야 하는 것을 기억하다

   I remember meeting her before. 나는 전에 그녀를 봤던 것을 기억한다.

   I remember to meet her this afternoon. 나는 오늘 오후에 그녀를 볼 것을 기억한다.

2. forget

   forget ~ing: (이전에) ~한 것을 잊다

   forget to ~: ~해야 한다는 것을 잊다

   I forgot writing her. 나는 그녀에게 편지 썼던 것을 잊었다.

   I forgot to write her. 나는 그녀에게 편지를 쓸 것을 잊었다.

3. regret

   regret ~ing: (이전에)~한 것을 후회하다

   regret to ~: ~하게 되어 유감이다.

   I regret telling her a lie. 나는 이전에 그녀에게 거짓말한 것을 후회한다.

I regret to tell you the truth. 나는 너에게 진실을 말하게 되어 유감이다.

4. try

try ~ing: 시험 삼아 ~하다

try to ~: ~하려고 노력하다

He tried writing in pencil. 나는 연필로 시험 삼아 써봤다.

He tried to write in pencil. 나는 연필로 쓰려고 노력했다.

동명사의 역할 2: 전치사의 목적어

전치사는 8품사 중의 하나입니다. 명사 앞에 위치하는 말이라는 뜻이지요. 그래서 전치사 다음에는 무조건 명사가 옵니다. 이때 전치사 다음의 명사 자리를 '전치사의 목적어'라고 부릅니다. 전치사에 대한 목적어라는 의미입니다. 동명사만이 전치사의 목적어가 될 수 있습니다. to부정사는 명사 역할을 하지만, 전치사 뒤에 사용할 수 없습니다.

Thank you for listening to me. 내 말을 들어줘서 고마워.

She is good at cooking Italian food. 그녀는 이태리 음식을 요리하는 데 능숙하다.

🔍 중간 정리

1. 동명사 또는 to부정사만을 목적어로 취하는 동사들이 있다.
2. 동명사와 to부정사 둘 다를 목적어로 취하지만 의미가 달라지는 remember을 비롯한 동사들도 있다.
3. 이 동사들은 외워야 한다.

1. [2009 국가직 9급] She is afraid of going out at night.

2. [2017 사회복지직 9급] Is drinking water while eating good for you?

3. [2017 기상직 9급] Peter started poking around in the cupboards.

4. [2011 법원행정처 9급] An algorithm is a procedure for solving a problem.

5. [2012 국가직 9급] I walked out of the front door without looking back.

6. [2016 지방직 9급] She suggested going out for dinner after the meeting.

7. [2017 교육행정직 9급] These included elbowing, kneeing, and tripping opponents.

8. [2011 법원행정처 9급] A variety of foods are great for maintaining a good body.

[해석]

1. 그녀는 밤에 외출하는 것을 겁낸다.

2. 식사할 때 물 마시는 게 좋니?

3. 피터는 찬장을 여기저기 뒤지기 시작했다.

4. 알고리즘은 문제를 해결하기 위한 절차이다.

5. 나는 뒤돌아보지 않고 앞문으로 걸어 나갔다.

6. 그녀는 회의 후 저녁을 먹으러 나가라고 제안했다.

7. 이것은 팔꿈치치기, 무릎치기, 상대방 발걸기를 포함했다.

8. 다양한 음식들은 건강한 몸을 유지하는 데에 아주 좋다.

동명사의 기타 사항들

동명사의 의미상의 주어

동명사가 동사를 가지고 만든 문법이기 때문에 생기는 특징들을 알아봅니다. to부정사에서 등장했던 개념들이 다시 한 번 나오는 이유는 to부정사도, 동명사도 모두 동사를 가지고 만든 문법이기 때문이죠. 동명사의 의미상의 주어는 동명사 앞에 목적격을 쓰거나 소유격을 써서 나타냅니다. 목적격이 좀 더 편하게 쓸 수 있는 표현이고, 소유격은 다소 격식을 갖춘 표현입니다.

동명사의 의미상의 주어

인칭대명사: 동명사 앞에 '소유격'

Do you mind my closing the window? 내가 창문을 닫아도 될까?

사람, 생명체 명사: 동명사 앞에 '소유격 또는 목적격'

They insisted on Tom(Tom's) contributing to charity. 그들은 Tom이 자선 단체에
헌신할 것을 주장했다.

사물, 추상명사: 동명사 앞에 '목적격'

They objected to the proposal being adopted.

그들은 그 제안이 채택되는 것에 반대했다.

[2013 서울시 7급]

I never dreamed of there being a river in the deep forest.

나는 결코 깊은 숲 속에 강이 있는 것을 꿈꿔본 적이 없다.

 중간 정리

1. 전치사의 목적어는 전치사 다음의 명사 자리를 가리키는 용어이다.

2. 동명사는 전치사의 목적어로 사용이 가능하다.

3. to부정사는 전치사의 목적어로 사용할 수 없다.

4. 동명사의 의미상 주어는 소유격 또는 목적격으로 나타낸다.

동명사의 부정

동명사의 부정은 동명사 앞에 not이나 never을 붙여 주면 됩니다. 간단하죠?

not/never + 동명사

I apologized for <u>not</u> helping him. 나는 그를 도와주지 않은 것에 대해서 사과했다.

동명사의 시제

동명사의 시제는 to부정사와 동일합니다. 문장의 진짜 동사와 같은 시제에서 동명사의 동작이 일어나고 있다면 단순 시제를 씁니다. 문장의 진짜 동사보다 하나 더 과거에서 동작이 일어나고 있다면 완료 시제를 사용합니다.

① 동명사의 단순 시제

He practices speaking English a lot. 그는 영어 말하기를 많이 연습한다.

practice와 speak는 둘 다 현재에 일어나고 있는 동사입니다. 시제가 같기 때문에 '단순 시제'를 사용했습니다.

② 동명사의 완료 시제

He feels sorry for having been idle in his youth. 그는 어린 시절 게을렀던 것을 유감스럽게 생각한다.

지금 유감스러운 감정을 느끼는 feel이라는 동작은 현재에 일어나고 있지만, 게을렀던 것은 현재가 아닌 과거이기 때문에 시제의 차이가 생기고, 이를 완료 시제인 having been으로 표현한 겁니다.

동명사의 수동태

to부정사와 마찬가지로 동명사도 의미상 수동으로 표현해야 할 때가 있습니다. 동명사의 수동태를 시제별로 알아봅니다.

① 동명사의 단순 시제 수동태

형태: being p.p.
I don't like being treated like a child.
나는 아이처럼 다뤄지는 것을 좋아하지 않는다.
(다루는 것이 아니라 다뤄지는 것이죠.)

② 동명사의 완료 시제의 수동태

형태: having been p.p.

I don't like having been treated like a child when I was young.

나는 내가 어렸을 때 아이처럼 다뤄진 것을 좋아하지 않는다.

(마찬가지로, 다루는 것이 아니라 다뤄지는 것이기 때문에 수동을 사용했습니다.)

공무원영어 기출TIP: 동명사 관용표현

be accustomed to -ing	～하는 데 익숙하다
be used to -ing	～하는 데 익숙하다
deter from -ing	～하는 것을 막다
have an objection to -ing	～에 대해서 반대하다
have difficulty (in) -ing	～하는 데 어려움을 겪다
look forward to -ing	～를 학수고대하다

Q. 동명사의 관용표현은 다 외워야 하나요?

A. 동명사를 이용한 관용적 표현들은 기본적으로 독해를 위해서 알아두어야 하지만, 그
중에서도 전치사 to 다음에 동명사가 나오는 경우는 특히 기억해야 합니다. to 다음에 동
사원형을 쓰면 to부정사가 되기 때문에 아래와 같은 문제가 출제될 수 있습니다.

Q.

I'm looking forward to (see / seeing) you soon.

나는 당신을 곧 보기를 고대하고 있다.

A.

정답은 seeing입니다. look forward to 다음에는 동명사를 써야 한다는 숙어가 있기 때 문입니다. 이렇게 전치사 to 다음에 동명사를 쓰는 숙어들은 반드시 암기해야 합니다.

동명사는 to부정사와 비교하면서 익히면 좋습니다. to부정사의 명사적 용법 처럼 명사로 쓰이지만, to부정사는 못 하는 역할들을 합니다. 특정 동사들의 목적어로 쓰이거나, 전치사의 목적어로 쓰이는 것은 동명사만의 역할입니다. 그리고 동사를 이용해서 만든 문법이기 때문에 의미상 주어, 부정, 시제, 수동 태라는 문법이 만들어집니다. 동사의 피를 가지고 있으면서 명사로 쓰이는 동 명사의 특징을 정확하게 정리하고 넘어가세요.

🔍 중간 정리 --

1. 동명사는 to부정사처럼 의미상 주어, 부정, 시제, 수동태를 공부해야 한다.
2. 동명사를 이용한 관용표현 중에서 전치사 to 다음에 동명사를 쓰는 경우는 특히 기 억해야 한다.

영어에는 동사를 이용한 문법이 3가지 있습니다. to부정사, 동명사, 분사입니다. 이들은 동사라는 하나의 뿌리를 가지고 있기 때문에 비슷한 성격을 가지고 있습니다. 이들을 '준동사'라고 그룹을 지어서 다루기도 합니다. 동사를 기준으로 만든 문법들이라는 뜻이죠. 기본적으로 영어에서 상당 부분을 차지하는 동사를 다양하게 활용하기 위한 문법들입니다. 간단히 정리해보면 다음과 같습니다.

to부정사: 동사 → 명사, 형용사, 부사

동명사: 동사 → 명사

분사: 동사 → 형용사

이들 문법은 동사의 특징을 그대로 이어 받아서 주어를 가지고, 시제가 있고, 부정을 할 수 있고, 수동태를 만들 수 있습니다. 공부하다 보면 반복되는 것을 배운다는 느낌을 받습니다. 공통점이 많은 만큼 한번에 정리해야 하는 문법입니다.

특히 분사는 학창 시절 확실하게 정리를 못한 경우가 많습니다. to부정사, 동명사가 너무 강조되다 보니 상대적으로 소외되는 경향이 있는 문법이 분사입니다. 하지만 독해나 실생활에서 분사는 정말 많이 쓰입니다. 분사는 필수 중의 필수 문법인 만큼 확실하게 개념 정리를 해야 합니다. '준동사의 막내'인 분사를 지금부터 알아보겠습니다.

DAY 06
핵심영문법 정복하기:
분사

현재분사와 과거분사의 형용사 역할

분사의 탄생과 종류

① 분사의 탄생

분사는 '동형사'라고 이해해도 좋습니다. 기본적으로 동사를 형용사처럼 쓰는 문법이거든요. 자고 있는 아기를 많이 보셨죠? 이때 '자고 있는 아기'는 다음 과 같이 표현합니다.

sleeping baby

영어에는 '자고 있는'이라는 의미를 가진 형용사가 따로 없습니다. 그래서 동 사 sleep을 활용해서 형용사를 만든 겁니다. 여기에서 간단하게 동사를 형용사로 바꾸어보겠습니다.

studying 공부하고 있는
falling 떨어지고 있는
eating 먹고 있는
speaking 말하고 있는
teaching 가르치고 있는

이것들이 모두 분사입니다. 분사는 현재분사와 과거분사로 나뉩니다.

② 분사의 종류

1. 현재분사
   형태: 동사 + ing
   특징: 능동, 진행의 의미
   해석: ~하고 있는
   sleeping 자고 있는
   eating 먹고 있는

2. 과거분사
   형태: 동사의 p.p.
   특징: 수동, 완료의 의미
   해석: ~해 버린, ~된
   broken 깨진
   made 만들어진

현재분사와 과거분사는 형용사, 부사의 역할을 할 수 있는데, 부사로 쓰이는 경우는 '분사구문'이라는 문법에서 따로 다룰 것이라서, 일단 형용사의 역할을 먼저 알아봅니다. 형용사라는 품사가 영어에서 하는 역할이 명사 수식과 보어 역할입니다. 그래서 현재분사, 과거분사도 이런 형용사의 역할을 그대로 합니다.

현재분사의 형용사 역할

① 명사 수식

수식하는 동사와 수식받는 명사의 관계가 능동, 진행의 관계일 때는 현재분사를 사용합니다. 수식하는 분사 덩어리가 한 단어일 때는 명사 앞에 위치하고, 두 덩어리 이상일 때는 뒤에서 앞의 명사를 수식합니다.

swimming boy 수영하고 있는 소년
a girl singing a pop song 팝송을 부르고 있는 소녀

② 주격보어 역할

주격보어 자리에 현재분사를 넣으면 'be+동사-ing'라는 진행 시제가 만들어집니다. 원래 진행 시제에서 우리가 쓰던 '동사-ing'는 현재분사였습니다. 문법 용어가 어려워서 사용을 하지 않았을 뿐이죠.

I am listening to music. 나는 음악을 듣고 있는 중이다.

He was looking at her. 그는 그녀를 보고 있는 중이었다.

③ 목적격보어 역할

5형식 문장의 목적격보어 자리에 현재분사가 쓰여서 목적어의 생생한 동작을
묘사해줍니다.

I saw Sam lying on the floor. 나는 Sam이 바닥에 누워있는 것을 보았다.

She saw me crossing the street. 그녀는 내가 길을 건너는 것을 보았다.

과거분사의 형용사 역할

① 명사 수식

수식하는 동사와 수식받는 명사가 수동, 완료의 관계일 때는 과거분사를 사용
합니다. 현재분사와 마찬가지로 수식하는 분사 덩어리가 한 단어일 때는 명사
앞에 위치하고, 두 덩어리 이상일 때는 뒤에서 앞의 명사를 수식합니다.

a broken window 깨진 창문

the window broken by the wind 바람에 의해서 깨진 창문

② 주격보어 역할

주격보어 자리에 과거분사를 넣으면 'be+p.p.'라는 수동태가 만들어집니다.
수동태의 p.p.가 과거분사였던 겁니다.

> I was invited to the party. 나는 파티에 초대되었다.
> The letter was written by my mom. 그 편지는 나의 엄마에 의해서 쓰여졌다.

또한 과거분사를 이용해서 완료 시제를 만들 수 있습니다. 현재완료, 과거완
료, 미래완료 등 다양한 완료를 이용한 시제에 p.p.를 이용합니다.

> I have finished my lunch. 나는 점심 식사를 마쳤다.

③ 목적격보어 역할

5형식 문장에서 목적어와 목적격보어의 관계가 수동, 완료 관계일 경우에는
과거분사를 목적격보어 자리에 사용합니다.

> She found the room filled with flowers. 그녀는 그 방이 꽃들로 가득 차 있는 것을
> 발견했다.
> He watched her carried out of the building. 그는 그녀가 빌딩 밖으로 옮겨지는 것
> 을 보았다.

현재분사와 과거분사가 진행시제, 수동태를 만들기 위해서 활용되는 것은 이미 우리가 잘 알고 있는 것들입니다. 명사를 수식하는 역할, 목적격보어 역할처럼 새롭게 알게 된 분사의 역할들을 중심으로 복습해주세요. 실제로 분사는 명사 수식, 목적격보어로 쓰일 때 독해 및 문법 문제에서 중요합니다.

🔍 중간 정리 ---

1. 분사는 동사를 현재분사, 과거분사로 만들어서 형용사, 부사처럼 활용하는 것이다.
2. 형용사처럼 활용되는 현재분사는 명사 수식, 주격보어(진행 시제), 목적격보어(진행, 능동의 의미) 역할을 한다.
3. 형용사처럼 활용되는 과거분사는 명사 수식, 주격보어(수동, 완료), 목적격보어(완료, 수동의 의미) 역할을 한다.

현재분사와 과거분사의 구별

현재분사 vs. 과거분사

분사에서 가장 중요한 것은 현재분사와 과거분사를 구별하는 겁니다. 두 문법
이 워낙 대조적이기 때문에 이를 이용한 문법 문제들이 다수 출제됩니다. 분
사는 형용사로 쓰일 때 다양한 자리에서 역할을 하게 됩니다. 경우에 따라서
현재분사와 과거분사를 구별할 수 있어야 합니다.

① 현재분사 vs. 과거분사

현재분사	vs.	과거분사
동사ing		동사의 p.p.
능동		수동
진행		완료

② 명사를 수식할 때

분사의 가장 기본적인 쓰임입니다. 분사가 명사를 수식할 때는 수식받는 명사와 동사의 관계가 능동, 진행이면 '현재분사'를, 수동, 완료이면 '과거분사'를 사용합니다.

There's a flying bird in the sky.
(새(bird)는 날아가고(fly) 있습니다. 능동, 진행의 의미라서 현재분사!)
This is a book written for teenagers.
(책(book)은 사물이기에 쓰인(written) 것이죠? 수동이라서 과거분사!)

③ 목적격보어로 쓰였을 때

이 경우는 5형식 문장에서만 일어날 수 있습니다. 목적어와 목적격보어의 관계가 진행, 능동이면 현재분사를 사용합니다. 목적어와 목적격보어의 관계가 수동, 완료이면 과거분사를 사용합니다.

I saw her waiting for a bus. 나는 그녀가 버스를 기다리는 것을 보았다.
(그녀(her)가 능동적으로 wait하기 때문에 현재분사!)

She heard the song sung by him. 그녀는 그 노래가 그에 의해서 불리는 것을 들었다.
(노래(the song)가 그에 의해서 수동적으로 불리기 때문에 과거분사!)

주격보어로 쓰이는 경우는 현재분사는 진행 시제를, 과거분사는 수동태, 완료 시제를 만드는 워낙 독특한 쓰임 때문에 구별이 쉬워서 서로 비교하는 경우가 별로 없습니다.

본격적으로 현재분사와 과거분사를 구별해봅니다. 많은 시험에서 활용될 만큼 쉽지 않은 문법입니다.

1. There is a car (parked / parking) in front of my house.

2. I was unable to attend the meeting (holding / held) in Japan.

3. I want a newspaper (containing / contained) comic strips.

4. I want to buy a computer (making / made) in Korea.

5. I'd like to have my picture (taking / taken).

6. The body (finding / found) in the burned house was identified.

7. I am sorry to have kept you (waiting / waited) long.

8. The pictures (taking / taken) inside the museum are not clear.

9. My son is (interesting / interested) in studying English.

10. She told me an (amazed / amazing) story.

정답과 해석을 확인하세요.

1. parked 내 집 앞에 주차된 차가 한 대 있다.

2. held 나는 일본에서 열리는 회의에 참석이 불가능했다.

3. containing 나는 연재 만화를 싣고 있는 신문을 원한다.

4. made 나는 한국에서 만들어진 컴퓨터를 사고 싶다.

5. taken 나는 내 사진이 찍히기를 원한다.

6. found 불탄 집에서 발견된 시신은 신원이 확인되었다.

7. waiting 너를 오랫동안 기다리게 해서 미안하다.

8. taken 박물관 안에서 찍힌 사진들은 명확하지 않다.

9. interested 나의 아들은 영어를 공부하는 것에 흥미가 있다.

10. amazing 그녀는 놀라운 이야기를 나에게 말해주었다.

현재분사와 과거분사를 구별하는 문제는 문법 세계에선 스테디셀러입니다. 중고등학교 내신 시험, 수능 시험, 그리고 공무원 영어 시험에 이르기까지 모든 영어 시험에서 중요한 문법 포인트입니다.

능동, 수동이라는 기본적인 비교를 이용해서 답을 찾을 수 있는 문제들이 다수이지만, 공부를 계속하다 보면 헷갈리는 문제들이 분명히 있습니다. 틀린 문제, 헷갈리는 문제를 중심으로 다시 한 번 정리하면 현재분사와 과거분사의 구별을 완전히 정복할 수 있습니다.

 중간 정리

1. 현재분사와 과거분사의 구별은 상황별로 판단해서 따져야 한다.
2. 현재분사는 능동/진행의 의미이고, 과거분사는 수동/완료의 의미이다.

DAY 06
감정을 나타내는 분사

사람의 감정을 나타내는 분사

몇몇 분사들은 감정을 나타내는 형용사로서 역할을 합니다. 분사 중에는 워낙 형용사처럼 자주 사용하다가 형용사가 되어 버린 사례들이 꽤 있답니다. 특히 감정을 나타내는 현재분사와 과거분사를 구별하는 문법 문제가 자주 출제되는데, 구별하는 방법을 알아봅니다.

① 감정을 나타내는 현재분사

현재분사와 연결된 대상이 해당 감정을 느끼지 않고, 주변에 그 감정을 느끼게 합니다. 해당 감정을 야기한 사물, 사람과 함께 쓰입니다. exciting는 정확히는 '흥분시키는'이지만, '흥분된' 정도로 해석됩니다.

It was such a long, boring flight. 그것은 정말 길고 지루한 비행이었다.

I read a really interesting book about history. 나는 역사에 대한 정말 흥미로운 책을 읽었다.

② 감정을 나타내는 과거분사

과거분사와 연결된 대상이 해당 감정을 직접 느낍니다. 주로 해당 감정을 느낀 사람과 함께 쓰입니다.

I was really bored during the flight. 나는 비행 동안에 정말 지루했다.

She's interested in history. 그녀는 역사에 흥미가 있다.

③ 다양한 감정을 나타내는 분사들

alarming(놀라게 하는) What an alarming noise! 정말 놀라게 하는 소음이네!	alarmed(놀란) I was alarmed by the loud bang. 나는 큰 쾅하는 소리에 놀랐다.
amusing(즐겁게 하는) That TV programme is really amusing. 그 TV 프로그램은 정말 즐겁다.	amused(즐거운) He was amused to hear his little son singing in the bath. 그는 그의 작은 아들이 욕조에서 노래하는 것에 즐거웠다.
boring(지루하게 하는) I've never seen such a boring film! 나는 그렇게 지루한 영화를 본 적이 없다!	bored(지루함을 느끼는) The students looked bored as the teacher talked and talked. 학생들은 선생님이 말씀을 계속하셔서 지루해 보였다.

confusing(혼란스럽게 하는)

I find these instructions very confusing!

나는 이 설명이 매우 혼란스럽다고 느낀다.

confused(혼란스러워 하는)

She looked very confused when I told her the truth.

내가 그녀에게 진실을 말했을 때 그녀는 혼란스러워 보였다.

---

depressing(우울하게 하는)

This weather is depressing.

날씨가 우울하다.

depressed(우울한)

I was feeling depressed, so I stayed at home.

나는 우울해서, 집에 머물렀다.

---

embarrassing(당황시키는)

That is the most embarrassing photo.

그것은 가장 당황스러운 사진이다.

embarrassed(당황한)

John was really embarrassed this morning.

John은 오늘 아침에 정말 당황했다.

---

exciting(흥분시키는)

It's a really exciting book.

그것은 정말 신나는 책이다.

excited(흥분된)

I was so excited about the news.

나는 그 뉴스에 정말 흥분했다.

---

exhausting(지치게 하는)

Doing housework is exhausting.

집안일을 하는 것은 지치게 한다.

exhausted(지친)

Julie was so exhausted after her exams.

Julie는 시험을 마친 후 정말 지쳤다.

---

fascinating(매혹시키는)

The brain is fascinating.

두뇌는 매혹적이다.

fascinated(매혹된)

Joan was fascinated by her grandmother's story.

Joan은 그녀의 할머니의 이야기에 매혹되었다.

---

frightening(두렵게 하는)

What a frightening film!

정말 무서운 영화네!

frightened(두려움을 느끼는)

I was really frightened of bees when I was little.

나는 어렸을 때 벌들을 정말 무서워했다.

---

frustrating(좌절시키는)

It's frustrating when you want to say something in another language.

무언가를 다른 나라 언어로 말하고 싶을 때 좌절스럽다.

frustrated(좌절감을 느끼는)

Sometimes I get really frustrated.

때때로 나는 정말 좌절감을 느낀다.

interesting(흥미로운)	**interested**(흥미를 느끼는)
That was a very interesting book.	She's interested in animals.
그것은 정말 흥미로운 책이다.	그녀는 동물에 흥미가 있다.
satisfying(만족시키는)	**satisfied**(만족한)
My job is very satisfying.	She is never satisfied with her work.
내 직업은 정말 만족스럽다.	그녀는 절대 그녀의 작업에 만족하지 않는다.
shocking(충격을 주는)	**shocked**(충격 받은)
The news was so shocking that she burst into tears.	My grandmother was shocked by the man's bad language.
그 뉴스는 너무 충격적이어서 그녀는 눈물을 터뜨렸다.	나의 할머니는 그 남자의 나쁜 언행에 충격 받으셨다.
surprising(놀라게 하는)	**surprised**(놀란)
It's surprising how many people don't want to travel to another country.	I was really surprised when I saw you.
그렇게 많은 사람들이 다른 나라로 여행가기를 원하지 않는 것은 놀랍다.	나는 너를 봤을 때 정말 놀랐다.
terrifying(두렵게 하는)	**terrified**(두려워하는)
What a terrifying dog!	My little son is terrified of the dark.
정말 무서운 개네!	나의 막내 아들은 어둠을 두려워한다
tiring(지치게 하는)	**tired**(지친)
My job is really tiring.	David's too tired to come to the cinema tonight.
내 일은 정말 지치게 한다.	David는 오늘밤 너무 지쳐서 영화 보러 갈 수 없다.

1. [2010 국회사무처 8급 응용] The books destroyed in the fire were all rare first editions.
2. [2011 국가직 9급 응용] But chocolate has a special chemical called phenylethylamine.
3. [2015 서울시 9급] Most of the art displayed in the museum is from Italy in the 19th century.
4. [2012 지방직 7급 응용] Over the last few years, the moral dilemma facing hotel guests has changed.
5. [2016 지방직 7급] Another was black Americans creating new kinds of music such as ragtime and blues.
6. [2010 국가직 7급] Your memory is a brilliant but unreliable computer stor-ing a vast amount of information.
7. [2014 지방직 7급 응용] Corporations manufacturing computers with toxic materials should arrange for disposal of them.

[해석]
1. 화재로 파손된 책들은 모두 희귀한 초판들이었다.
2. 그러나 초콜릿은 페닐에틸아민이라 불리는 특별한 화학 물질을 갖고 있다.
3. 미술관에 전시되어 있는 작품들의 대부분은 19세기에 이탈리아로부터 온 것이다.
4. 지난 몇 년간, 호텔 손님들이 직면하는 도덕적 딜레마는 바뀌어왔다.
5. 또 다른 점으로는 래그타임과 블루스 등의 새로운 종류의 음악을 창조하던 미국의 흑인들이었다.
6. 당신의 기억은 막대한 양의 정보를 저장하는, 뛰어나긴 하지만 신뢰할 수 없는 컴퓨터이다.

7. 유해 물질을 지닌 컴퓨터를 제조하는 회사들은 그것들의 처리에 대한 계획을
   짜야 한다.

 중간 정리

1. 현재분사와 과거분사를 이용해서 감정을 나타낼 수 있다.

2. 현재분사는 감정을 유발하는 사람, 사물과 함께 사용한다.

3. 과거분사는 감정을 느끼는 사람과 함께 사용한다.

DAY 06
분사구문

분사구문의 기본

앞서 분사가 형용사로 쓰이는 경우들을 살펴보았습니다. 분사가 부사로 쓰이는 것을 '분사구문'이라고 합니다. 분사구문은 딱딱한 문법처럼 보이지만, 실제로 할리우드 영화를 보다 보면 등장인물들이 굉장히 많이 사용합니다.

① 분사구문의 탄생

분사구문은 긴 문장을 분사를 이용해서 짧게 줄인 구문입니다. 아래 문장을 보면, 문장의 진짜 주어와 동사가 있는 중요한 부분보다 부가적인 내용이 더 깁니다. 이런 경우 중요한 내용이 묻힙니다.

204

When I walked along the street, I met my uncle.
부가적인 내용   이게 진짜!

이때 부가적인 내용은 문법적으로 '부사절'이라고 부릅니다. 다음과 같은 단계를 거쳐서 긴 부사절을 짧은 분사구문으로 바꿉니다.

② 분사구문 만드는 방법

(기존 부사절) When I walked along the street,

1단계〉 부사절의 접속사 생략 (생략하지 않아도 괜찮습니다.)

I walked along the street,

2단계〉 부사절과 주절의 주어 일치 여부 확인 후 같으면 생략

(다르면 생략하지 말고 남겨두기)

walked along the street,

3단계〉 부사절과 주절의 시제 비교해서 같으면 동사+ing 만들기

walking along the street

이렇게 완성된 문장은 다음과 같습니다.

Walking along the street, I met my uncle.

이 문장을 기존 문장과 비교해 보면, 지저분한 부분이 상당히 깔끔하게 정리된 것을 볼 수 있습니다.

When I walked along the street, I met my uncle. (기존 문장)
Walking along the street, I met my uncle. (분사구문을 이용해서 줄인 문장)

최고의 로맨틱 영화 〈노팅힐〉에도 아래와 같은 분사구문을 이용한 명대사가 등장합니다.

"I'm also just a girl, standing in front of a boy, asking him to love her."
"나도 또한 그가 자신을 사랑해주기를 바라면서 소년 앞에 서있는 소녀일 뿐이에요."

영화 〈노팅힐〉에서 할리우드 최고의 여배우 줄리아 로버츠가 영화 속에서도 세계적인 인기를 지닌 여배우로 등장하고, 영국을 대표하는 배우 휴그랜트는 웨스트 런던의 '노팅힐'에 사는 소심한 서점 주인으로 등장합니다. 톱스타와 평범하기 짝이 없는 한 남자는 기적처럼 사랑에 빠지지만 그들에게도 위기가 찾아옵니다.

오해로 멀어진 두 사람의 관계를 회복하기 위해서 주인공 줄리아 로버츠가 휴 그랜트에게 위와 같은 말을 합니다. 아무리 톱스타라도 사랑 앞에서는 소년의 사랑을 바라는 소녀와 같은 마음이라는 거죠.

206

1999년 작품인 〈노팅힐〉은 지금 봐도 로맨틱 그 자체입니다. 분사구문을 이용하면 이렇게 사랑하는 이의 마음도 돌릴 수 있답니다.

분사구문의 해석

분사구문은 실제 영어에서 정말 많이 쓰입니다. 글과 말에서도 자주 만나는 문법이라서 제대로 해석할 줄 알아야 합니다. 분사구문을 해석할 때 고민을 좀 해야 합니다. 분사구문을 만드는 과정에서 접속사를 생략했기 때문입니다. 원래 부사절일 때는 when, if, because, although 같은 접속사가 있었기 때문에 해석에 어려움이 없지만, 이것들이 분사구문을 만드는 과정에서 생략이 되기 때문에 해석이 어렵습니다. 생략된 접속사의 의미를 유추해야 합니다.

분사구문의 해석을 돕는 마법의 5글자가 있습니다. 바로 '시유조양부'입니다. 시간/이유/조건/양보/부대상황의 첫 글자를 따서 만든 말입니다. '시유조양부'를 머리에 넣어 문맥에 맞게 적절하게 분사구문을 해석하면 됩니다.

① 시간으로 해석되는 분사구문

Walking along the street, I met a friend of mine.
혼자서 걸어갈 때, 나는 내 친구 중 한 명을 만났다.

② 이유로 해석되는 분사구문

Being sick, he couldn't attend the meeting.
아팠기 때문에, 그는 회의에 참석하지 못했다.

③ 조건으로 해석되는 분사구문

Turning to the left, you will see the building.
왼쪽으로 돈다면, 너는 빌딩을 볼 수 있을 것이다.

④ 양보로 해석되는 분사구문

양보라는 것은 '비록 ~일지라도' 정도의 해석을 말합니다.

Admitting he is right, I cannot forgive him.
그가 옳다는 것을 인정하지만, 나는 그를 용서할 수 없다.

⑤ 부대상황으로 해석되는 분사구문

부대상황이라는 것은 분사구문의 동작과 주절의 동작이 동시에 일어나거나 연속하여 일어나는 것을 의미합니다. TV보면서 과자 같은 것을 먹지요? 이때 TV를 본다는 동작과 과자를 먹는다는 동작이 동시에 일어납니다. 이것이 부대상황입니다.

Standing on the cliff, he watched the sun setting.
절벽 끝에 서서, 그는 태양이 지는 것을 보았다.

Q. with 분사구문은 뭐죠?

A. 분사구문을 공부하다 보면 'with 분사구문'을 만나게 됩니다. with를 이용해서 마치 분사구문처럼 '상태'를 나타낼 수 있습니다. 사용방법은 다음과 같습니다.

형태: with + 목적어(명사) + 전치사/형용사/과거분사/현재분사
해석: ~한 채로 (상태를 나타냄)

with shoes on 신발을 신은 채로

with his eyes open 그의 눈을 뜬 채로

with his eyes closed 그의 눈을 감은 채로

with night coming on 밤이 오자

아래와 같은 표현들은 자주 볼 수 있는 with 분사구문입니다.

with his arms folded 팔짱 낀 채로

with his legs crossed 다리를 꼰 채로

with your mouth full 입에 음식이 찬 채로

[2015 지방직 7급] With her eyes wide open, she stared at the man.
그녀의 눈을 크게 뜬 채로, 그녀는 그를 바라보았다.

[2017 기상직 9급] He opened the refrigerator and stood there with the door open.
그는 냉장고 문을 열었고, 문이 열린 채로 거기에 서 있었다.

분사의 의미상 주어

분사에서 의미상 주어를 따질 때는 분사구문에서 생각을 합니다. 분사구문에
도 동사가 보이죠? 분사구문인 '동사ing'에 들어 있는 동사의 주체가 의미상
주어입니다. 분사구문을 만들 때 부사절의 주어와 주절의 주어가 같으면 생략
을 했죠? 그렇다면 보통의 분사구문의 의미상 주어는 주절의 주어입니다.

Seeing me, she smiled. 나를 볼 때, 그녀는 웃었다.

이 문장에서 see하는 주체는 주절의 she입니다. she가 seeing의 의미상 주어라고 말할 수 있습니다.

하지만 앞 문장에서 날씨, 시간, 거리 등을 나타내는 it을 주어로 사용했을 경우에 뒤 문장과 주어가 달라집니다.

If it is sunny, we'll go on a picnic tomorrow.

이 문장을 분사구문으로 바꾸면, 부사절의 주어 it과 뒤 문장의 주어 we가 다르기 때문에 부사절의 주어 it을 남겨둬야 합니다.

그렇게 완성된 분사구문은 다음과 같습니다. 이때 it을 분사의 '의미상 주어'라고 부릅니다.

It being sunny, we'll go on a picnic tomorrow.
내일 날씨가 좋다면, 우리는 내일 소풍을 갈 것이다.

분사의 부정

분사구문은 분사의 왼쪽에 not, never을 붙임으로써 간단하게 부정을 할 수 있습니다.

분사구문의 부정 : not / never + 분사구문

Not knowing French, I couldn't read the book.

나는 프랑스어를 몰라서, 그 책을 읽을 수 없었다.

Not having enough money, I can't enjoy shopping.

충분한 돈이 없어서, 나는 쇼핑을 즐길 수 없었다.

분사의 시제

분사의 시제는 분사구문에서 생각을 합니다. 기본적으로 부정사, 동명사의 시제와 똑같습니다. 단순 시제와 완료 시제가 있는데, 단순 시제는 주절의 동사와 분사구문의 동작이 같은 시제에 일어난 것이고, 완료 시제는 주절의 동사보다 분사구문의 동사가 하나 더 과거에 일어난 것입니다.

① 분사의 단순 시제

형태: 동사ing

단순 시제를 쓰면 주절의 동사와 분사구문의 동사가 같은 시제에 일어났다는 의미입니다.

Smiling brightly, she shook hands with me.

밝게 웃으면서, 그녀는 나와 악수를 했다.

밝게 웃은 것도, 악수를 한 것도 '과거'에 일어난 일입니다. 주절과 분사구문의 동작이 같은 시제에서 일어나고 있기 때문에 단순 시제를 사용합니다.

② 분사의 완료 시제

형태: having p.p.

완료 시제의 형태를 쓰면 주절의 동작보다 분사구문의 동작이 하나 더 과거에 일어난 것을 의미합니다.

> Having spent all the money, she can't buy a bike.
> 돈을 다 써버렸기 때문에, 그녀는 자전거를 살 수 없다.

돈을 쓴 것은 '과거'에 일어난 일이고, 자전거를 살 수 없는 것은 '현재' 일어나는 일입니다. 주절보다 분사구문의 시제가 하나 더 과거인 것을 완료 시제를 이용해서 나타냅니다.

만약 완료 시제의 느낌이 아직도 헷갈린다면, 아래의 완료 시제를 이용한 분사구문들을 보면서 주절보다 분사구문의 동작이 하나 더 과거에 일어났음을 확인하세요.

> Having finished the work, I went to bed.
> 일을 마쳤기 때문에, 나는 잠자리에 들었다.

> Having read the newspaper, I know about the accident.
> 신문을 읽었기 때문에, 나는 사고에 대해서 안다.

기출 문장에서 분사의 시제를 확인하세요.

212

[2018 지방직(상반기) 7급] The sun having set, we gave up looking for them.
해가 지자, 우리는 그들을 찾는 것을 포기했다.

[2017 국가직 9급] Having been abroad for ten years, he can speak English very fluently.
그는 10년 동안 외국에 있었기 때문에 영어를 매우 유창하게 말할 수 있다.

분사구문의 수동태

분사구문의 수동태는 수동태가 사용된 부사절을 분사구문으로 바꿀 때 생겨납니다. 아래 수동태가 들어 있는 부사절을 직접 분사구문으로 바꾸어 보겠습니다.

When the island was seen from the plane, the island was beautiful.
→ the island was seen from the plane, (접속사 생략)
→ was seen from the plane, (주어 생략)
→ Being seen from the plane, (시제 같을 때 단순시제 사용)

여기서 분사구문의 being 또는 완료 시제인 having been은 생략이 가능합니다. 그래서 최종적으로는 'seen from the plane,' 같은 분사구문이 만들어집니다. 만약 분사구문이 p.p.꼴로 시작하고 있다면 being이나 having been이 생략된 구문으로 보면 됩니다. having been이 생략되는 경우는 다음과 같습니다.

Because it was built long ago, the temple needs restoration.

→ it was built long ago, (접속사 생략)

→ was built long ago, (주어 생략)

→ having been built long ago, (완료 시제 사용)

→ Built long ago, (having been 생략)

[2010 국회사무처 8급] Bored by the tedious speech, the people in the audience drifted away.

따분한 연설에 지루해지자, 청중들이 빠져 나갔다.

 공무원영어 기출TIP: 분사구문 연습하기

1. [2015 지방직 7급] Waving goodbye, she got on the train.
2. [2015 사회복지직 9급] Surrounded by great people, I felt proud.
3. [2015 지방직 7급 응용] Covered with confusion, he left the conference room.
4. [2014 국가직 9급 응용] While working at a hospital, she saw her first air show.
5. [2015 국가직 7급] Asked by a fellow passenger why he did so, Gandhi smiled.
6. [2015 지방직 7급] Walking along the road, he tripped over the root of a tree.
7. [2013 서울시 9급] Hiding behind the curtain, I waited the shadow to re-appear.
8. [2018 지방직(상반기) 7급] He counted it, all things considered, the hap-piest part of his life.

9. [2015 국가직 9급] The package, having wrong addressed, reached him late and damaged.

10. [2008 국회사무처 8급] Temporary jobs decreased by 108,000, pulling down overall employment.

[해석]

1. 손을 흔들면서 그녀는 기차에 올랐다.

2. 훌륭한 사람들에 둘러싸여 나는 자부심을 느꼈다.

3. 그가 혼란에 빠진 채로 회의실을 떠났다.

4. 병원에 근무하는 동안 그녀는 처음으로 비행기 공중 곡예를 보았다.

5. 왜 그렇게 했느냐고 동료 승객에게 질문을 받자, 간디는 웃었다.

6. 길을 따라 걷다가 그는 나무뿌리에 걸려 넘어졌다.

7. 나는 커튼 뒤에 숨어서 그림자가 다시 나타나기를 기다렸다.

8. 모든 것을 고려해 볼 때, 그는 그것을 자기 인생의 가장 행복한 부분으로 여겼다.

9. 그 소포는 주소가 잘못 적혀 있었기 때문에 그에게 늦게 도착하고 손상되었다.

10. 임시직이 108,000개 감소되어 총 고용을 떨어뜨렸다.

🔍 중간 정리

1. 분사구문은 '시/유/조/양/부'를 기본으로 해석한다.

2. 분사구문의 의미상의 주어는 주절과 부사절의 주어가 다를 때 주어를 남긴 것이다.

3. 분사구문의 부정은 not/never을 분사구문 왼쪽에 붙인다.

4. 분사구문의 시제는 단순 시제, 완료 시제가 있다.

5. 분사구문의 수동태는 수동태 문장인 부사절을 분사구문으로 바꾸고, being, having been을 생략한 것이다.

최종 정리

영문법에서 가장 중요하게 다루어지는 부정사, 동명사, 분사를 공부하셨습니다. 이 문법들은 모두 동사를 가지고 만들었기 때문에 많은 공통점들을 가지고 있습니다. 한번에 정리를 하면 더욱 효율적으로 이해하고 기억할 수 있습니다.

	to부정사	동명사	분사
형태	to 동사	동사+ing	동사+ing(현재분사) p.p.(과거분사)
역할	명사, 형용사, 부사	명사	형용사, 부사
의미상의 주어	for/of + 목적격	목적격, 소유격	분사구문에 주어 남겨두기
부정	not/never + to동사	not/never + 동사+ing	not/never + 동사+ing
시제	단순: to 동사 완료: to have p.p.	단순: 동사+ing 완료: having p.p.	단순: 동사+ing 완료: having p.p.
수동태	to be p.p.	being p.p.	(being) p.p.

영문법의 BIG3라고 부를 수 있는 이들을 정복하셨다면 영문법의 70% 정도는 정복한 겁니다. 이제 '관계사'라는 마지막 고비만 넘기면 영문법의 큰 산들은 모두 넘는 겁니다. 영문법 중에서 가장 어려운 관계사를 잡으러 갑니다.

공무원 시험을 준비하시는 모든 분들이
길고 외로운 자신과의 싸움을 하고 계실 겁니다.
부디 이 책이 든든한 길잡이가 되기를 바랍니다.

영문법에서 가장 헷갈리고 어려운 문법은 관계사입니다. 관계대명사, 관계부사를 합쳐서 관계사라고 부릅니다. 누구나 who, which, that, what, how, why 등등을 보기만 해도 머리가 복잡해집니다. 문법 자체도 어렵지만, 관계사를 이용한 문장은 길이도 다른 문장들보다 훨씬 깁니다. 아래 문장처럼 말이죠.

We're social animals who need to discuss our problems with others.

관계사를 이용한 문법 문제는 모든 영어 학습자들의 공포의 대상입니다.

The photo (which / whom) you're looking at was taken by your father.

관계사는 해석에서도, 문법 문제에서도 가장 어렵고, 그만큼 중요한 문법입니다. 제대로 뿌리부터 이해하지 않으면 영원히 정복할 수 없는 문법입니다. 그래서 제대로 다시 시작하는 것이 중요합니다. 관계사가 영어에서 왜 필요한지부터 시작해서 관계사의 모든 것을 지금부터 알아봅니다. 마지막 도전이라고 생각하시고 관계사를 지금 함께 시작합니다.

DAY 07
고난도영문법 정복하기:
관계대명사

DAY 07
관계대명사의 탄생과 사용법

관계대명사의 탄생

문법책의 관계대명사 파트를 펼치면 우리를 반기는 표가 하나 있습니다.

선행사	주격	소유격	목적격
사람	who	whose	who(m)
사물 · 동물	which	of which / whose	which
사람 · 사물 · 동물	that	–	that
선행사 없음	what	–	what

바로 이 표입니다. 이 표는 잠시 뒤에 다시 만나기로 하고, 우리는 개념을 먼저 잡으러 갑니다. 관계대명사라는 문법은 도대체 뭘까요? 왜 이 문법을 만들었을까요?

① 관계대명사의 탄생

관계대명사는 두 문장을 연결해서 '관계'가 있도록 만들어 주는 것이 주된 목적입니다. 관계대명사는 두 문장을 이어주는 접착제입니다. 다만 접착제는 잘 골라서 써야 합니다. 플라스틱을 붙일 것인지, 목재를 붙일 것인지, 색종이를 붙일 것인지에 따라서 접착제를 달리 써야 합니다. 관계대명사도 경우에 따라서 적절히 다르게 사용해야 합니다.

두 문장이 공통된 명사를 가지고 있을 때 그 명사들을 이용해서 두 문장을 하나로 합칠 수 있습니다. 뒤 문장의 공통된 명사를 빼고 그 자리에 접착제인 관계대명사를 넣어서 두 문장을 하나로 합치는 겁니다. 그림으로 표현해볼게요.

원래 문장

문장1	명사	+	명사	문장2

1단계〉 뒤 문장에서 명사 빼고 대신 관계대명사 넣기

문장1	명사	+	관계대명사	문장2

2단계〉 두 문장 연결하기

문장1	명사	관계대명사	문장2

이를 영어 문장으로 표현해보면 다음과 같습니다.

I love Sarah. She is so beautiful.

이 두 문장에서 공통된 명사가 보이시나요? 그러면 성공한 겁니다. Sarah와 She가 형태는 다르지만 같은 명사이죠? 그러면 이제 두 문장을 합칩니다. 어떻게 합치냐면 뒤의 명사 she를 빼고 그 자리에 두 문장을 연결하는 접착제 역할을 하는 관계대명사를 넣습니다.

이때 앞에서 말한 우리에게 익숙한 표라는 것이 필요합니다. 어떤 관계대명사를 사용할지는 일단 앞의 공통된 명사가 사람이냐 사물이냐에 따라서 한 번 결정됩니다. 그리고 뒤의 명사가 주어, 목적어, 소유격 중 어떤 역할을 하고 있었느냐에 따라서 최종적으로 결정됩니다.

I love Sarah. She is so beautiful.

이 문장에서 밑줄 친 she를 빼고 관계대명사를 넣으려고 합니다. 이때 아무 관계대명사나 넣을 수가 없다는 것을 기억해야 합니다. 접착제의 종류가 다양하기 때문에 적절한 접착제를 사용해야 합니다. 이 경우에 생각해야 할 것은 다음에 제시하는 2가지입니다.

② 관계대명사를 고를 때 생각할 점

관계대명사를 고를 때는 2가지를 생각해야 합니다.

첫째, 선행사가 사람인가 아닌가?

둘째, 공통의 명사가 뒤 문장에서 어떤 역할을 하고 있는가?

앞 문장의 공통된 명사, 즉 Sarah가 선행사입니다. 선행사가 사람입니다. 뒤의 she는 문장에서 주어 역할을 하고 있습니다. 잠시 후에 '격'은 제대로 알아볼

텐데 주어 역할을 하면 '주격'입니다. 따라서 선행사가 사람이고, 주어 역할을 할 때 사용하는 관계대명사 who를 사용해야 합니다.

선행사	주격	소유격	목적격
사람	who	whose	who(m)
사물 · 동물	which	of which / whose	which
사람 · 사물 · 동물	that	–	that
선행사 없음	what	–	what

뒤 문장에서 she를 빼고 who를 집어넣습니다. 그리고 두 문장을 합칩니다. 관계대명사 who를 이용한 문장이 완성되었습니다.

I love Sarah. who is so beautiful.
→ I love Sarah who is so beautiful.

🔍 중간 정리 ┄┄

1. 관계대명사는 두 문장을 합치기 위한 문법이다.
2. 두 문장에 공통된 명사가 있어야 합칠 수 있다.
3. 선행사와 뒤 문장에서 명사의 역할에 따라서 적절한 관계대명사를 골라서 사용해야 한다.

관계대명사의 격과 생략

관계대명사의 3가지 격

앞서 관계대명사 표에서 주격, 소유격, 목적격이 있었죠? 이 3가지 격을 지금
부터 제대로 알아보려고 합니다. 두 문장의 공통된 명사가 뒤 문장에 어떤 역
할을 하고 있었느냐에 따라서 3가지 격으로 나눕니다.

① 주격 관계대명사

공통된 명사가 뒤 문장에서 주어의 역할을 하다가 관계대명사로 바뀐 경우입
니다.

I have a friend. He/She lives in Busan.
→ I have a friend who lives in Busan.

② 목적격 관계대명사

공통된 명사가 뒤 문장에서 목적어 역할을 하다가 관계대명사로 바뀐 경우입니다.

He is the man. I met him yesterday.
→ He is the man who(m) I met yesterday.

③ 소유격 관계대명사

공통된 명사가 뒤 문장에서 소유격 역할을 하다가 관계대명사로 바뀌었습니다.

I met a woman. Her car was stolen.
→ I met a woman whose car was stolen.

주어 역할은 주격, 목적어 역할은 목적격, 소유격은 소유격이라는 것을 기억하면 됩니다. 자, 이제 어느 정도 기초가 갖추어졌으니 영화 명대사 한 번 볼게요. 오늘도 명작 중의 명작 〈대부〉를 가지고 왔습니다.

"A man who doesn't spend time with his family can never be a real man."
"그의 가족과 시간을 보내지 않는 남자는 진짜 남자가 아니다."

말론 브란도와 알 파치노 주연의 1972년 작품 〈대부〉는 2탄과 함께 명작 중의 명작으로 영화사에 남아 있는 작품입니다. 9세 때 그의 고향인 시실리아에서 가족 모두가 살해당하고 오직 자신만 살아남아 미국으로 도피한 주인공 돈 코를레오네의 일대기를 다룬 이 작품에서 주인공은 이런 대사를 남깁니다. 주인공의 가족에 대한 확고한 생각을 알 수 있는 대사죠. 주격 관계대명사 who가 쓰인 것을 알 수 있습니다.

관계대명사의 생략

지금까지 배운 관계대명사 중에서 생략이 가능한 것들이 있습니다. 생략이 되었다는 사실을 알아야 정확한 독해가 가능하므로 2가지 사례를 알아봅니다.

① 목적격 관계대명사 생략 가능

목적격 관계대명사는 기본적으로 생략이 가능합니다. 실제로 정말 많은 경우 목적격 관계대명사를 쓰지 않습니다. 언어는 짧은 것을 좋아하거든요. 생략된 관계대명사의 존재를 의식하면서 해석을 해 줘야 합니다.

Everything (that) she told me was unbelievable.
그녀가 나에게 말한 모든 것은 믿을 수 없었다.

The car (which) my father gave me was stolen.
나의 아버지가 나에게 주신 자동차가 도난당했다.

The fruit (which) I bought is on the table.
내가 산 과일은 테이블 위에 있다.

② '주격 관계대명사 + be동사' 생략 가능

주격 관계대명사는 기본적으로 생략이 불가능합니다. 생략이 불가능하다는 것은 외울 필요 없이 생략을 해 보면 문장이 말이 안 됩니다. 아래 문장을 해석해 보세요.

They called a lawyer lived nearby.

무슨 말인지 모르겠죠? 주격 관계대명사를 생략해서 문장의 구조가 엉망이 되어서 그렇습니다. 원래 문장은 아래와 같습니다.

They called a lawyer who lived nearby. 그들은 근처에 사는 변호사를 불렀다.

생략이 불가능한 주격 관계대명사는 다음에 be동사가 쓰이는 경우는 be동사와 함께 생략이 가능합니다. 아래 문장처럼 말이죠. 생략이 가능하다는 것은 생략을 해도 문장의 의미 파악이 가능하다는 뜻입니다.

TV programs (that are) directed to children have a lot of commercials for toys. 아이들을 위한 TV프로그램들은 많은 장난감 광고를 포함하고 있다.

이제 관계대명사가 생략된 멋진 영화 명대사를 알아봅니다. 앞서 소개한 1972년 작품 〈대부〉의 명대사입니다.

"I'm going to make him an offer he can't refuse."

"나는 그가 거절할 수 없는 제안을 할 거야."

여기서 생략된 관계대명사가 느껴지시나요? 목적격 관계대명사가 생략되었습니다. 원래 문장은 아래와 같았겠죠.

"I'm going to make him an offer (which/that) he can't refuse."

목적격 관계대명사는 이처럼 많은 경우에 생략된 채로 쓴답니다.

 중간 정리

1. 관계대명사에는 주격/목적격/소유격이 있다.

2. 목적격 관계대명사는 많은 경우 생략한다.

3. 주격 관계대명사는 기본적으로 생략이 불가능하지만, be동사와 함께 생략할 수 있다.

관계대명사 what, 전치사 + 관계대명사

관계대명사 what

관계대명사 what은 앞서 배운 관계대명사들과는 다릅니다. what의 특징을 정리합니다.

① 관계대명사 what의 특징

특징: 관계대명사 what은 다른 관계대명사와 달리 선행사를 포함한다.

해석: ~하는 것

역할: 명사 덩어리로 주어, 목적어, 보어, 전치사의 목적어 역할

선행사를 포함한다는 것은 사실 굉장히 무서운 말입니다. 선행사는 명사입니다. 만약 명사를 what이 포함하게 되면 what이 이끄는 덩어리는 명사 덩어리

가 되는 것이고, 명사가 문장에서 담당하는 주어, 목적어, 보어의 역할을 하게 됩니다.

② what의 명사 역할

아래 문장들에서 what이 이끄는 명사덩어리를 느껴보세요.

주어: What I want to know is her name. 내가 알고 싶은 것은 그녀의 이름이다.
목적어: Please tell me what you want. 나에게 네가 원하는 것을 말해줘.
보어: That's not what I was trying to say. 그것은 내가 말하려고 했던 것이 아니다.
전치사의 목적어: Thank you for what you did for us. 당신이 우리를 위해서 한 것
에 대해서 감사합니다.

앞으로 what을 만나면 뒤의 덩어리와 함께 명사로 이해하면 됩니다. what을
이용한 문법 문제도 자주 출제가 될 텐데, 다른 관계대명사 who, which, that
등과 선행사의 유무로 구별할 수 있습니다.

관계대명사 what이 들어간 영화 명대사를 보고 갑니다. 슈퍼맨을 주인공으로
한 유치하지 않은 슈퍼히어로물 〈맨 오브 스틸〉에는 다음과 같은 대사가 나
옵니다.

"People are afraid of what they don't understand."
"사람들은 그들이 이해하지 못하는 것을 두려워하지."

실제 영화에서 슈퍼맨은 사람들의 생명을 구해주지만, 그 초인적인 힘으로 인해서 두려움의 대상이 됩니다. 그런 상황을 대사에 녹여낸 것이 바로 이 명대사입니다. 관계대명사 what이 이끄는 명사 덩어리가 전치사 of 다음에 쓰인 문상입니다.

Q. 완전한 문장? 불완전한 문장?

문장의 완전/불완전 개념은 관계사 파트에서 등장하는 문법 문제를 풀기 위한 핵심 개념입니다. 단순히 문장의 느낌이 완전/불완전한 것을 의미하는 것이 아니고 정확한 원칙이 있습니다.

1. 불완전한 문장
– 주어가 없는 문장: 관계대명사 + 동사 + 목적어
– 목적어가 없는 문장: 관계대명사 + 주어 + 동사 + (전치사 + 명사 + 부사)
– 전치사로 끝나는 문장: 관계대명사 + 완전한 문장 + 전치사

My sister who lives in Australia has three children.
→ 주어가 없어서 불완전

She bought the computer (which) her brother had recommended.
→ 목적어가 없어서 불완전

He lost the money which I had given him.
→ (직접)목적어가 없어서 불완전

I visited the bank which my father works at.
→ 전치사 다음에 명사가 없어서 불완전

2. 완전한 문장

– 1형식 문장~5형식 문장

– 수동태 문장 (4, 5형식 수동태 제외)

완전/불완전 문장의 개념은 영문법에서 가장 어려운 영역입니다. 이 부분은 꾸준히 경험을 쌓아야 비로소 정복할 수 있기 때문에 일단 맛을 보고, 이후 다시 한 번 살펴봅니다.

전치사 + 관계대명사

관계대명사 공부가 깊어지면 전치사와 관계대명사가 함께 쓰인 문장을 만나게 됩니다. 겉보기에 정말 어렵게 생겼습니다.

I know the girl about whom Tom has talked a lot.
나는 Tom이 많이 얘기한 소녀를 안다.

하지만 원리를 알고 나면 전치사와 관계대명사의 만남이 특별한 것이 아니라는 것을 알게 됩니다. 두 문장을 관계대명사를 이용해서 합쳤다는 사실에는 변함이 없습니다. 다만 뒤 문장에서 공통된 명사가 전치사 다음에 있었던 겁니다. 다음과 같은 과정을 통해서 '전치사 + 관계대명사'가 만들어지게 됩니다.

원래 문장

문장1		명사

\+

문장2	전치사	명사

1단계〉 명사 빼고 관계대명사 넣기

문장1		명사	+	문장2	전치사	관계대명사

2단계〉 '전치사 + 관계대명사'로 문장 연결하기

문장1		명사	전치사	관계대명사	문장2

이것을 영어로 표현하면 다음과 같습니다. 아래 두 문장을 합쳐봅니다.

That's a mistake. I am responsible for a mistake.

뒤 문장의 공통된 명사를 관계대명사로 바꿉니다. 전치사 다음 자리는 '목적
격'입니다. 선행사가 사물이고 목적격이니 which로 대체합니다.

That's a mistake. I am responsible for which.

이제 전치사와 관계대명사를 함께 앞으로 자리를 옮겨 두 문장을 연결합니다.

That's a mistake for which I am responsible.
그것은 내가 책임이 있는 실수이다.

이렇게 '전치사 + 관계대명사'가 만들어지는 겁니다. 어렵게 생각하지 마세요.
기존에 관계대명사를 이용해서 문장을 연결한 경우와 다를 것이 하나도 없습

니다. 전치사가 뒤 문장에 있었을 뿐입니다. 이런 과정을 이용해서 만들어진 문장들입니다.

That was the movie during which I fell asleep.
그것은 (상영 중에) 내가 잠든 영화이다.

Don't talk about things of which you know nothing.
네가 모르는 것에 대해서는 이야기하지 마라.

These are the facts on which his new theory is based.
이것들은 그의 새로운 이론이 기초를 둔 사실들이다.

이렇게 관계대명사의 모든 것에 대해서 알아보았습니다. 워낙 어려운 문법이고, 내용이 많으니 복습은 선택이 아닌 필수입니다.

🔍 중간 정리 ···

1. 관계대명사 what은 선행사를 포함한 관계대명사이다.
2. 관계대명사 what은 명사 덩어리를 이끌면서 문장의 주어, 목적어, 보어, 전치사의 목적어 역할을 한다.
3. '전치사+관계대명사'는 뒤 문장에서 '전치사+공통된 명사'가 '전치사+관계대명사'로 바뀌면서 두 문장을 연결하는 역할을 하기 위해서 앞으로 나온 경우이다.

DAY 07
관계대명사의 계속적 용법

관계대명사의 계속적 용법

관계대명사에는 2가지 용법이 있습니다. 한정적 용법과 계속적 용법입니다.

지금까지 우리가 쓰던 것들이 모두 한정적 용법이고, 관계대명사 앞에 콤마(,)

를 찍으면 계속적 용법이 됩니다. 콤마 하나로 2가지 용법이 구별됩니다.

① 한정적 용법과 계속적 용법

1. 한정적 용법

선행사의 의미를 '한정'한다고 해서 한정적 용법이라고 부릅니다.

He loved a woman who lived next door to him.

그는 그의 옆집에 살았던 한 여성을 사랑했다.

2. 계속적 용법

관계대명사 앞에 콤마를 찍으면 계속적 용법이 됩니다.

He loved a woman, who lived next door to him.

그는 한 여성을 사랑했는데, 그녀는 그의 옆집에 살았다.

두 문장의 차이가 별로 안 느껴지죠? 재미있는 점은 많은 경우 콤마를 찍으나 안 찍으나 의미 차이가 별로 없다는 것입니다. 하지만 계속적 용법만의 특징도 있답니다. 기본적인 계속적 용법의 특징은 다음과 같습니다.

② 관계대명사의 계속적 용법의 특징

1. 관계대명사 앞에 콤마(,)를 써서 나타낸다.

2. 선행사에 대한 추가적인 정보를 제공한다.

3. 대개 '접속사 + 대명사'로 바꾸어 쓸 수 있다.

4. 관계대명사 that, what은 계속적 용법으로 쓸 수 없다.

5. 계속적 용법으로 쓰는 which는 앞 문장의 내용을 단어부터 문장 전체까지 가리킬 수 있다.

이들 중에서 4번은 문법 문제에서 중요하고, 5번은 해석할 때 중요합니다. 5번의 사례가 어찌 보면 관계대명사의 계속적 용법의 대표적인 특징입니다.

③ 계속적 용법의 which

He said he was rich, which was a lie.

그는 그가 부자라고 했지만, 그것은 거짓말이었다.

이 문장에서 which가 가리키는 것은 앞 문장 전체의 내용입니다. 이것은 관계대명사 세속적 용법의 which만이 할 수 있는 역할입니다. 실세 독해에서도 빈번하게 만날 수 있습니다. 무난하게 계속적 용법이 쓰인 문장들을 좀 더 살펴봅니다.

I met an old friend of mine, who didn't recognize me.
나는 옛 친구 중의 한 명을 만났는데, 그는 나를 알아보지 못했다.

We saw a fancy car, which was parked here.
우리는 멋진 차를 보았는데, 그것은 여기에 주차되어 있었다.

He loved a woman, who lived next door to him.
그는 한 여성을 사랑했는데, 그녀는 그의 옆집에 살았다.

공무원영어 기출TIP: 관계대명사 연습하기

1. [2017 국가직 9급 응용] The sport in which I am most interested is soccer.
2. [2016 지방직 9급] The dancer that I told you about is coming to town.
3. [2008 지방직(상반기) 7급] Someone who is a law unto himself is not welcome in our team.
4. [2015 기상직 9급] I looked at the mountain of which the top was covered with snow.

5. [2017 교육행정직 9급] Overall, the boys who saw the violent film were more aggressive.

6. [2014 서울시 9급] The sales industry is one in which constant interactions is required, so good social skills are a must.

7. [2016 지방직 9급 응용] The number of fires that occur in the city is growing every year.

8. [2014 국가직 7급] The lab test helps identify problems that might otherwise go unnoticed.

9. [2014 사회복지직 9급] I enjoyed teaching because I taught in the method in which I learn best.

10. [2018 지방직(상반기) 7급] Two bags which should have gone to Rome are being loaded aboard a flight to Paris.

[해석]

1. 내가 가장 관심이 있는 스포츠는 축구다.

2. 내가 이야기했던 그 무용수가 마을에 올 것이다.

3. 자기 마음대로 하는 사람은 우리 팀원으로 부적당하다.

4. 나는 꼭대기가 눈으로 덮힌 산을 보았다.

5. 전반적으로 폭력적인 영화를 본 아이들이 더 공격적이었다.

6. 판매 산업은 지속적인 상호 작용이 필요한 산업이어서 훌륭한 사교술이 필수적이다.

7. 도시에서 발생하는 화재의 숫자가 매년 증가하고 있는 중이다.

8. 실험실 테스트는 그렇지 않다면 발견되지 못할 문제들을 찾아내는 데 도움이 된다.

9. 나는 내가 가장 잘 배우는 방식으로 가르쳤기 때문에 가르치는 것이 재미있었다.

10. 로마에 갔어야 할 두 개의 가방이 파리행 항공편에 적재되고 있는 중이다.

관계대명사를 정리합니다. 학창시절 때부터 관계대명사를 이용한 문법 문제를 워낙 많이 풀다 보니, 이 문법은 우리에게 문제로 더 익숙합니다. 하지만 무엇보다 관계대명사가 어떻게 만들어지게 되었는지를 제대로 이해해야 합니다. 그래야 나중에 문법 문제를 풀기 위한 완전/불완전이라는 개념을 완전히 이해할 수 있습니다. 뒤 문장에서 명사를 빼고 관계대명사라는 접착제를 대신 넣어서 두 문장을 연결한 것, 이것이 바로 관계대명사입니다. 뒤 문장은 명사가 빠졌으니 불완전하다고 할 수 있겠죠. 이후 다시 한 번 정확하게 배울게요. 관계대명사를 정확하게 알아야 관계부사를 알 수 있고, 이 둘을 비교할 수 있습니다. 이번에야말로 제대로 관계사들을 정복해야 하니, 서둘러 넘어가지 마시고, 관계대명사를 다시 한 번 정확하게 복습하고 넘어가시기 바랍니다.

🔍 중간 정리

1. 관계대명사에는 한정적 용법과 계속적 용법이 있다.
2. 콤마가 없으면 한정적 용법이고, 콤마를 찍으면 계속적 용법이다.
3. that, what은 계속적 용법으로 쓸 수 없다.
4. 계속적 용법으로 사용하는 which는 특별한 용법으로서 앞 문장의 단어부터 문장 전체까지 가리킬 수 있다.

관계부사는 관계대명사와 떨어질 수 없는 관계입니다. 이름도 비슷하고 문법책에도 항상 같이 나옵니다. 혹시 관계대명사와 관계부사가 엄청 다르다고 알고 있다면 개념을 제대로 다시 잡을 필요가 있습니다. 관계대명사와 관계부사는 생성 배경이 똑같습니다. '관계'라는 말까지는 똑같죠? 관계라는 말은 두 문장을 이어준다는 의미를 가지고 있어요. 두 문장을 이어주는 역할을 한다는 점에서 관계대명사와 관계부사는 똑같은 기능을 한답니다. 아주 약간의 차이가 있을 뿐이죠.

사실은 친구 관계인 이 둘을 비교하는 문법 문제가 워낙 많이 출제되다 보니, 영화 〈친구〉의 유오성, 장동건저럼 둘 사이는 친구 관계가 아닌 원수 관계처럼 비춰지기도 합니다. 하지만 명심하세요. 관계대명사와 관계부사는 영어에서 같은 역할을 하는 '친구'랍니다. 이것만 이해하셔도 굉장히 좋은 출발입니다. 어려워 보이기만 하는 관계부사의 탄생부터 함께 알아봅니다. 시작할게요.

DAY 08
고난도영문법 정복하기:
관계부사

DAY 08
관계부사의 탄생과 종류

관계부사의 탄생

관계대명사와 동일하게 두 문장을 연결하기 위해서 접착제 역할을 하는 관계부사가 필요합니다. '관계'라는 말이 들어가면 접착제라고 생각하면 됩니다. 이때 관계대명사와 다른 점은 앞 문장의 명사가 뒤 문장에서는 '부사'로 존재한다는 겁니다. 그리고 이 부사를 접착제인 '관계부사'로 바꾸면서 두 문장을 연결합니다.

원래 문장

문장1	명사	+	문장2	부사

1단계> 부사를 없애고 관계부사 넣기

문장1	명사		+	문장2	관계부사

2단계> 관계부사로 두 문장 연결하기

문장1	명사	관계부사	문장2

영어로 표현해봅니다. 아래 두 문장에서 공통된 성분을 찾아보세요.

I like Busan. I was born in Busan.

앞 문장의 명사 Busan이 뒤 문장에서 in Busan이라는 부사의 형태로 존재합니다. 이때 뒤 문장의 in Busan을 접착제 역할을 하는 관계부사로 바꿀 수 있습니다. 관계부사는 4종류밖에 없습니다. when, where, how, why 중에서 때, 장소, 방법, 이유의 의미에 맞게 하나를 골라서 부사의 자리에 넣으면 됩니다. 위 문장의 경우 '부산'이라는 '장소'를 다루고 있기 때문에 장소의 관계부사인 'where'을 넣습니다.

I like Busan. I was born where.

이제 관계부사를 앞으로 보내면서 두 문장을 합칩니다.

I like Busan where I was born.

관계부사를 이용한 문장을 완성했습니다. 관계대명사처럼 두 문장을 합칠 때 사용하는 것이 관계부사라는 것을 꼭 기억하세요.

이어서 문법책을 보면 관계부사를 '전치사+관계대명사'로 바꾸어 쓸 수 있다는 말에 대해서 알아봅니다. 관계대명사를 열심히 공부하신 분들이라면 아까 두 문장을 합치는 첫 단계에서 약간 의아했을 겁니다.

I like Busan. I was born in Busan.

이 문장에서 Busan이라는 공통의 명사를 바탕으로 관계대명사를 이용해서 두 문장을 합칠 수 있기 때문입니다. 뒤 문장의 명사 Busan 대신 관계대명사 which를 사용하면 다음과 같이 바꿀 수 있습니다.

I like Busan. I was born in which.

이 경우에 in which를 앞으로 가지고 오면, 다음과 같은 문장이 비로소 만들어집니다.

I like Busan in which I was born.

이때 in which는 관계부사 where로 바꿀 수 있어서 최종적으로는 관계부사를 이용한 문장을 만들 수 있습니다. 바로 이 부분에서 '전치사 + 관계대명사'는 관계부사로 바꿀 수 있다는 문법이 나오는 겁니다.

다만 모든 '전치사 + 관계대명사'를 관계부사로 바꿀 수는 없습니다. 앞서 공부했던 문장을 가져와봅니다.

That was the movie during which I fell asleep.

위 문장의 during which를 관계부사로 바꿀 수는 없습니다. 관계부사로 바꿀 수 있는 경우는 선행사가 장소, 시간, 방법, 이유를 나타내면서 뒤 문장에서 쓰였던 특정한 조건이 만족되는 경우입니다. 아래에 설명하는 관계부사들의 종류에서 전치사와 관계대명사가 관계부사로 바뀌는 과정을 다시 한 번 느낄 수 있습니다.

관계부사의 종류

관계부사를 공부할 때는 원래의 두 문장에서 앞 문장의 명사가 뒤 문장에서 부사의 형태로 존재한다는 것을 다시 한 번 복습해야 합니다.

① 관계부사 where

- 선행사가 장소 (the place, the country, the city, the house…)
This is the place. I used to hide my money in it.
= This is the place in which I used to hide my money.
= This is the place where I used to hide my money.
이곳은 내가 돈을 숨기곤 했던 장소이다.

② 관계부사 when

– 선행사가 시간 (the time, the year, the month, the day…)

May 5th is the day. I was born on the day.

= May 5th is the day on which I was born.

= May 5th is the day when I was born.

5월 5일은 내가 태어난 날이다.

③ 관계부사 why

– 선행사가 이유 (the reason)

I will tell you the reason. He suddenly disappeared for the reason.

= I will tell you the reason for which he suddenly disappeared.

= I will tell you the reason why he suddenly disappeared.

내가 그가 갑자기 사라진 이유를 말해줄게.

④ 관계부사 how

– 선행사가 방법 (the way)

I don't know the way. The student came into the room in the way.

= I don't know the way in which the student came into the room.

= I don't know how the student came into the room.

나는 그 학생이 방에 들어 온 방법을 모르겠다.

※ 이때 the way와 how는 함께 사용할 수 없습니다. 둘 중 하나는 무조건 생략을 해야
합니다.

⑤ 관계부사의 추가 특징

1. 관계부사의 뻔한 선행사는 생략할 수 있다.

Friday is (the day) when I am the busiest of the week.

금요일은 내가 일주일 중에서 가장 바쁜 날이다.

I don't know (the reason) why I have to keep doing this.

나는 내가 이것을 계속해야 하는 이유를 모르겠다.

2. 관계부사 앞에 선행사가 있을 때는 관계부사를 생략할 수 있다.

The restaurant (where) I met Namsu yesterday was great.

내가 어제 남수를 만난 음식점은 훌륭했다.

Do you know the time (when) the newspaper is delivered?

너는 신문이 배달되는 시간을 아니?

3. 선행사가 있는 관계부사 대신 that을 쓸 수 있다.

We visited the town where we used to do volunteer work a long time ago.

우리는 우리가 오래 전에 자원봉사일을 하곤 했던 마을을 방문했다.

= We visited the town that we used to do volunteer work a long time ago.

This is how the team could finally win matches.

이것은 그 팀이 마침내 경기를 이길 수 있었던 방법이다.

= This is the way that the team could finally win matches.

※the way는 how와는 함께 쓰지 않지만, that과는 함께 사용이 가능합니다.

[2013 국가직 9급 응용] The house where they have lived for 10 years badly damaged by the storm.

그들이 10년간 살았던 집이 폭풍에 심하게 손상되었다.

[2016 서울시 7급] He proposed creating a space where musicians would be able to practice for free.

그는 음악가들이 무료로 연습할 수 있는 공간을 만들자고 제안했다.

[2015 국가직 9급] The main reason I stopped smoking was that all my friends had already stopped smoking.

내가 담배를 끊은 가장 중요한 원인은 내 모든 친구들이 이미 담배를 끊었다는 것이다.

[2012 지방직 9급] A mutual aid group is a place where an individual brings a problem and asks for assistance.

상호 원조 집단은 개인이 문제를 가져오고 도움을 요청하는 곳이다.

관계부사의 계속적 용법

관계대명사처럼 관계부사도 계속적 용법이 있습니다. 콤마를 찍어주면 됩니다. 단, 관계부사의 계속적 용법은 when과 where에만 있습니다. 콤마를 찍지 않았을 때와 큰 의미 차이는 없고, 선행사에 대한 추가 정보를 제공한다고 보면 됩니다. 계속적 용법으로 쓰인 관계부사는 다음과 같은 느낌으로 해석하면 됩니다.

선행사, when: 그리고(그런데) 그 때
선행사, where: 그리고(그런데) 거기서

I'll meet her on Tuesday, when I'm free.
나는 그녀를 화요일에 만날 것인데, 그 때 나는 한가하다.

I went into the restaurant, where I saw her.
나는 음식점에 들어갔는데, 거기서 그녀를 보았다.

관계부사를 정리합니다. 관계부사는 관계대명사와 정말 비슷한 문법입니다. 이름도 비슷하잖아요. 뒤 문장의 부사를 빼고 접착제 역할을 하는 관계부사를 넣어서 두 문장을 연결한 것, 이것이 바로 관계부사입니다.

부사는 문장의 필수적인 성분이 아니기 때문에 부사가 없어도 뒤 문장은 '완전'하다고 말할 수 있습니다. 완전/불완전을 바탕으로 관계대명사와 관계부사를 비교하는 문제는 영문법 문제들 중에서 가장 어려운 문법이라고 볼 수 있습니다. 이제 우리는 가장 어려운 문법 문제에 도전하러 갑니다.

🔍 중간 정리 --

1. 관계부사는 관계대명사와 마찬가지로 두 문장을 합치는 문법이다.
2. 관계부사는 when, where, why, how의 4종류이다.
3. the way는 how와 함께 쓸 수 없다.
4. 관계부사의 계속적 용법은 when, where만 사용이 가능하다.

관계대명사와 관계부사의 차이

관계대명사 vs. 관계부사

관계대명사와 관계부사를 비교하는 문법 문제는 가장 대표적인 문제이면서 가장 어려운 문제이기도 합니다. 이 문제를 해결하기 위해서는 절대로 해석으로 접근해서는 안 됩니다. 완전한 문장과 불완전한 문장의 개념을 숙지해야 합니다.

① 관계대명사와 관계부사의 결정적 차이

관계대명사 + 불완전한 문장
관계부사 + 완전한 문장

완전한 문장과 불완전한 문장의 구별은 영문법에서 가장 어려운 영역 중 하나라고 말씀드렸습니다. 한 번 더 복습하고 본격적인 문제 풀이를 연습해봅니다.

② 완전한 문장 vs. 불완전한 문장 복습

The man who is wearing a blue jumper is in the garden.
→ 주어가 없어서 불완전

My sister who lives in Australia has three children.
→ 주어가 없어서 불완전

She bought the computer which her brother had recommended.
→ 목적어가 없어서 불완전

He lost the money which I had given him.
→ (직접)목적어가 없어서 불완전

I visited the bank which my father works at.
→ 전치사 다음에 명사가 없어서 불완전

This is the city where I was born.
→ 완전한 문장

I know the reason why she made a mistake.
→ 완전한 문장

This is how she solved the problem.

→ 완전한 문장

완전/불완전의 개념을 잘 생각하면서 다음 괄호 안에서 알맞은 것을 고르세요.

1. I sent an email to my brother (who / when) lives in Australia.

2. I broke the computer (which / when) belonged to my father.

3. The waiter (who / where) was wearing a blue shirt was rude.

4. The table (which / where) was my grandmother's got broken.

5. I remember the time (which / when) there was no electric light.

정답은 다음과 같습니다.

1. who 나는 호주에 살고 있는 나의 남동생에게 이메일을 보냈다.

2. which 나는 아빠 소유의 컴퓨터를 고장 냈다.

3. who 파란색 셔츠를 입고 있는 웨이터는 무례했다.

4. which 나의 할머니 것이었던 테이블은 고장 났다.

5. when 나는 전기가 없었던 때를 기억한다.

🔍 중간 정리 ··

1. 관계대명사 다음에는 불완전한 문장이 온다.

2. 관계부사 다음에는 완전한 문장이 온다.

3. 이 문법은 굉장히 어려우므로 경험이 많이 필요하다.

DAY 08
복합관계대명사와 복합관계부사

복합관계대명사의 역할

관계대명사, 관계부사를 모두 배우고 나면 '복합'이라는 말이 붙은 복합관계대명사, 복합관계부사가 등장합니다. 앞선 내용들을 모두 제대로 익혔다면 어렵지 않게 익힐 수 있는 문법입니다. 해석하는 방법, 그리고 문법적인 특징을 익혀야 합니다.

① 복합관계대명사란?

- 관계대명사에 -ever을 붙인 것
- 종류 : who(m)ever, whichever, whatever, whosever

복합관계대명사는 '명사 덩어리, 부사 덩어리'라는 2가지 역할을 합니다.

② 복합관계대명사의 역할 1: 명사절

문장에서 주어, 목적어, 보어 역할

해석: ~라면 누구나/무엇이나

I will meet whoever you introduce.
나는 네가 소개하는 사람이라면 누구든지 만날 것이다.

You can get whichever you want to buy.
네가 사고 싶은 것은 뭐든지 가질 수 있다.

Whatever he says is a lie.
그가 말하는 것은 뭐든지 거짓말이다.

③ 복합관계대명사의 역할 2: 부사절

문장에서 주요 성분은 아니지만, 의미를 더하는 역할

해석: 누구든지~, 무엇이든지~

Whoever he is, I don't want to meet him.
그가 누구든지, 나는 그를 만나지 않을 것이다.

Whichever you choose, I'll buy one.
네가 무엇을 고르든지, 나는 그것을 살 것이다.

Whatever he says, it is a lie.
그가 무엇을 말하든지, 그것은 거짓말이다.

복합관계부사

이번에는 복합관계부사입니다. 이름에서 느껴지듯이 부사절의 역할을 할 수 있습니다.

① 복합관계부사란?

- 관계부사에 - ever을 붙인 것
- 종류: whenever, wherever, however

② 복합관계부사의 역할

부사절 역할: 문장에서 의미를 더합니다.

해석: 언제/어디서/아무리/어떻게 ~하더라도

I will find you wherever you go.
나는 네가 어디를 가더라도 찾을 것이다.

Whenever she comes here, she buys me lunch.
그녀가 여기에 언제 오더라도, 그녀는 나에게 점심을 사줄 것이다.

However you do it, you can't make it.
네가 그것을 어떻게 하더라도, 너는 그것을 해낼 수 없다.

However hard it may be, I'll keep trying.
그것이 아무리 힘들어도, 나는 계속 시도할 것이다.

특히 복합관계부사 however은 형용사/부사를 이어서 사용하면서 '아무리~해도'라는 의미를 전달할 수 있습니다.

Q. no matter what 은 뭔가요?

A. no matter은 '아무리 ~하더라도'라는 의미입니다. 의미상 복합관계대명사, 복합관계부사와 같은 의미입니다.

whatever = no matter what
whichever = no matter which
whoever = no matter who
whenever = no matter when
wherever = no matter where
however = no matter how

복합관계대명사 vs. 복합관계부사

복합관계대명사와 복합관계부사를 비교하는 문법 문제를 대비합니다. 앞서 완전한 문장, 불완전한 문장의 개념을 완전히 익혔다면 따로 공부할 것이 없습니다.

복합관계대명사 + 불완전한 문장
복합관계부사 + 완전한 문장

복합관계대명사와 복합관계부사의 구별을 위해 다음 문제를 풀어보겠습니다.

1. (Whoever / Whenever) is responsible should be punished.
2. (Whoever / However) the person is, the responsible people should be punished.
3. Call me (whichever / whenever) you want.
4. (However / Whatever) stupid he is, he is my brother.
5. (Whichever / Whenever) he chooses, the result is determined.

정답은 다음과 같습니다.

1. Whoever 책임이 있는 누구든지 처벌받아야 한다.
2. Whoever 그 사람이 누구든지, 책임이 있는 사람은 처벌받아야 한다.
3. whenever 네가 원하면 언제든지 나에게 전화해라.
4. However 그가 아무리 어리석더라도, 그는 나의 남동생이다.
5. Whichever 어느 것을 그가 선택하더라도, 결과는 결정되었다.

정말 어려운 과정을 마친 여러분에게 명작을 또 한 편 소개합니다. 이제는 할리우드의 대세가 된 크리스토퍼 놀란 감독의 대표작 〈다크나이트〉에는 다음과 같은 대사가 등장합니다.

"I believe whatever doesn't kill you, simply makes you···stranger."
"내 생각에는, 너를 죽일 수 없는 것은 뭐든지, 너를 이상하게 만들어."

슈퍼히어로 영화는 다소 유치하다는 우리의 편견을 무참히 깨어 버린 현존하는 최고의 슈퍼히어로 영화 〈다크나이트〉에서 악역이지만 빼어난 연기로 주연에 가까운 조커가 위와 같은 대사를 남겼습니다. 원래는 '너를 죽일 수 없는 것은 너를 더 강하게 만든다'는 표현이 있는데 이를 한 번 비틀어서 비정상적인 성장 환경 때문에 괴물이 되어버린 자신의 상황을 위와 같은 대사로 나타냈습니다.

공무원영어 기출TIP: 복합관계대명사와 복합관계부사 연습하기

1. [2016 사회복지직 9급] Whatever you do is fine with me.
2. [2014 국가직 9급] However weary you may be, you must do the project.
3. [2014 지방직 9급 응용] However hard you may try, you cannot carry it out.
4. [2014 기상직 9급] Whenever he leaves the house, he always takes an umbrella.
5. [2011 지방직(하반기) 7급 응용] No matter how cold it may be, you should let in some fresh air from time to time.
6. [2011 지방직(하반기) 7급] Whatever conservative statesmen hoped in 1815, the era of social unrest had just begun.
7. [2015 법원행정처 9급] Whatever route you choose, remember that climbing Kilimanjaro is a serious undertaking.

[해석]
1. 네가 하는 어떤 것도 나에게는 괜찮아.
2. 아무리 피곤하더라도 당신은 그 프로젝트를 해야 한다.
3. 당신이 아무리 열심히 시도하더라도 그것을 수행할 수 없다.

4. 그는 집을 나설 때면 언제나 우산을 가져간다.

5. 아무리 추워도 때때로 환기를 시켜주어야 한다.

6. 1815년에 보수적인 정치인들이 무엇을 희망했던지 간에 사회적으로 불안한 시대가 막 시작되었다.

7. 당신이 어떤 길을 선택하든지 간에 킬리만자로를 오르는 것은 중대한 일이라는 것을 기억하라.

 중간 정리

1. 복합관계대명사는 명사절, 부사절의 역할을 한다.

2. 복합관계대명사는 불완전한 문장을 이어서 사용한다.

3. 복합관계부사는 부사절의 역할을 한다.

4. 복합관계부사는 완전한 문장을 이어서 사용한다.

관계대명사와 관계부사는 영문법에서 가장 까다로운 부분입니다. 문법 문제도 엄청나게 출제가 됩니다. 관계사를 제대로 이해하기 위해서는 2가지를 확실하게 이해해야 합니다.

1. 관계사가 왜 만들어졌는가?

관계사는 짧은 두 문장을 하나로 합치기 위한 문법입니다. 접착제라고 생각하면 됩니다. 적절한 관계사를 이용해 두 문장을 하나로 합칩니다. 뒤 문장에서 명사를 빼고 관계대명사를 넣고, 부사를 빼고 관계부사를 넣어서 두 문장을 합칩니다.

2. 문법 문제에 대비하기

관계사 관련된 문법 문제의 핵심은 완전한 문장과 불완전한 문장입니다.

관계대명사 + 불완전한 문장
관계부사 + 완전한 문장

기본을 다시 한 번 복습합니다.

1. 불완전한 문장

– 주어가 없는 문장: 관계대명사 + 동사 + 목적어

– 목적어가 없는 문장: 관계대명사 + 주어 + 동사 + (전치사 + 명사 + 부사)

– 전치사로 끝나는 문장: 관계대명사 + 완전한 문장 + 전치사

2. 완전한 문장

– 1형식 문장~5형식 문장

– 수동태 문장 (4, 5형식 수동태 제외)

260

문장의 완전/불완전 여부는 영문법에서도 가장 어려운 영역이기 때문에 많은 문장을 접하고 문제를 풀어보면서 경험을 쌓아야 합니다.

관련된 문제들을 틀린다고 좌절하지 말고, 꾸준히 경험을 쌓으면 정복할 수 있는 문법이 관계사입니다.

지금까지 중요하고 어려운 문법들은 이미 정복했습니다. 문장의 5형식, to부정사, 동명사, 분사, 관계대명사, 관계부사까지 어마어마한 문법들의 개념을 잡았습니다. 정말 고생 많았습니다.

이제 마무리를 시작하려고 합니다. 어렵지는 않지만, 영문법에서 빠질 수 없고, 시험에도 활용되는 문법들을 익힐 겁니다. 이번에는 형용사와 부사, 그리고 이들을 이용한 비교급과 최상급, 전치사와 접속사까지 다룹니다. 개념을 하나씩 제대로 이해하고 넘어가면 됩니다. 지금 바로 시작합니다.

참, 영문법은 복습이 정말 중요합니다. 마무리와 동시에 앞의 내용들도 다시 한 번 여러 번 읽어보면서 복습을 꼭 하시기 바랍니다.

DAY 09
영문법
마무리하기 1

형용사와 부사

형용사와 부사의 역할

형용사와 부사는 각각 8품사 중의 하나입니다. 형용사와 부사의 특징은 어렵지 않기 때문에 간단히 알아보고, 이들을 이용한 비교급과 최상급을 배웁니다.

① 형용사의 역할

형용사는 기본적으로 명사를 수식하고, 문장에서 보어 역할을 합니다. 각각의 역할에 한정적 용법, 서술적 용법이라는 이름이 붙습니다.

1. 명사 수식 (한정적 용법)

I saw a pretty girl.

2. 보어 역할 (서술적 용법)

She is pretty. (주격보어 역할)

I kept the room clean. (목적격보어 역할)

② 형용사의 자리

각 시험에서 형용사의 자리를 이용한 문제들이 출제됩니다. 시험에 자주 활용되는 형용사가 있어야 할 대표적인 자리들을 알아봅니다.

1. 2형식 동사의 보어

Your hair looks nice. [2016 서울시 9급]

너의 머리스타일은 멋져 보인다.

Surrounded by great people, I felt proud. [2015 사회복지직 9급]

훌륭한 사람들에 둘러싸여 나는 자부심을 느꼈다.

The situation in Iraq looked so serious that it seemed as if the Third World War might break out at any time. [2013 국가직 9급]

이라크의 상황은 너무나 심각해 보여서 제3차 세계 대전이 언제라도 발생할 것처럼 보였다.

2. 5형식 동사의 목적격보어

5형식 동사의 목적격보어 자리에는 부사가 아닌 형용사를 사용해야 합니다.

I kept the room clean. 나는 방을 깨끗하게 유지한다.

He drives me crazy. 그는 나를 미치게 한다.

공무원영어 기출TIP: 형용사 포함 숙어

be anxious for	~하기를 열망하다
be cognizant of	~을 알고 있는
be different from	~와 다르다
be ignorant of	~을 모르다
be sensitive to	~에 민감하다
be short of	~이 부족하다
be unwilling to	~하기를 꺼리다

③ 부사의 역할

부사는 명사를 제외한 형용사, 부사, 동사, 문장 전체를 수식하는 역할을 합니다.

1. 문장 전체 수식

Frankly, he did not say anything. 솔직히, 그는 아무 말도 하지 않았다.

여기서 부사 frankly는 문장 전체를 꾸며주고 있습니다.

2. 동사 수식

I play the piano well. 나는 피아노를 잘 친다.

여기서 부사 well은 동사 play를 수식합니다.

3. 형용사 수식

The question was extremely easy. 그 질문은 극히 쉬웠다.

여기서 부사 extremely는 형용사 easy를 수식합니다.

4. 다른 부사 수식

I like you very much. 나는 너를 매우 많이 좋아한다.

여기서 부사 very는 또 다른 부사 much를 수식합니다.

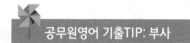

adaptively	적응하여
clearly	또렷하게
efficiently	능률적으로
firmly	단호히
obviously	확실히
smoothly	부드럽게

비교급과 최상급

형용사과 부사를 이용해서 비교 표현을 할 수 있습니다. 비교급과 최상급의 기
초를 빠르게 익히고, 시험에 활용되는 포인트를 확인하겠습니다. 비교급, 최상
급은 중학교 때부터 꾸준히 봐온 개념입니다. 다음 그림은 영어로 표현이 가
능합니다.

I am tall. 나는 키가 크다.

I am taller than you. 나는 너보다 키가 더 크다.

I am the tallest of the three. 나는 3명 중에서 키가 제일 크다.

비교급과 최상급을 만드는 기본을 빠르게 익힙니다. 짧은 단어와 긴 단어로 나누어서 생각하면 됩니다.

① 비교급과 최상급: 규칙변화1

1음절 단어에는 -er/-est를 붙입니다. 1음절이란 단어에 발음되는 모음이 하나 있는 경우입니다. 매우 짧은 단어라고 생각하면 됩니다.

fast – faster – fastest

short – shorter – shortest

e로 끝나는 1음절 단어에는 r/st만 붙입니다.

nice – nicer – nicest

large – larger – largest

268

'단모음 + 단자음'으로 이루어진 단어는 마지막 자음을 한 번 더 쓰고 er/est를 붙입니다.

    fat – fatter – fattest
    big – bigger – biggest

'자음 + y'로 끝나는 1음절 단어는 y를 i로 고치고 er/est를 붙입니다.

    happy – happier – happiest
    early – earlier – earliest

② 비교급과 최상급: 규칙변화2

-ful, -less, -ish, -ous, -ly로 끝나는 단어는 앞에 more/most를 붙입니다.

    useful – more useful – most useful
    quickly – more quickly – most quickly

-ly로 끝나더라도 friendly 같은 형용사의 경우엔 –ier/-iest을 사용합니다.

    friendly – friendlier – friendliest
    lonely – lonelier – loneliest

대부분의 2음절 이상의 단어 앞에 more/most를 붙입니다. 긴 형용사나 부사는 more, most를 붙인다고 생각하면 됩니다.

    difficult – more difficult – most difficult
    popular – more popular – most popular

③ 비교급과 최상급: 불규칙변화

-er, -est, more, most로 변화하지 않고 비교급과 최상급 단어가 완전히 다른
모습으로 존재하는 경우도 있습니다.

good / well – better – best
bad / badly / ill – worse – worst
many / much – more – most
little – less – least
old (나이 든, 낡은) – older – oldest
old (연상의, 손위의) – elder – eldest
late (시간이 늦은) – later (후의) – latest (최근의)
late (순서가 나중인) – latter(후자의) – last(마지막)
far (거리가 먼) – farther – farthest
far (더욱, 한층) – further – furthest

🔍 중간 정리 --

1. 형용사와 부사에는 비교급과 최상급이 있다.
2. 대체로 짧은 단어는 -er/-est로 비교급과 최상급이 표현 가능하다.
3. 대체로 긴 단어는 more/most로 비교급과 최상급이 표현 가능하다.
4. 예외적인 경우들도 있어서 암기가 필요하다.

다양한 비교 표현

원급을 이용한 비교 표현

이제부터는 공무원 영어 기출과 연결됩니다. 형용사와 부사의 원급, 비교급, 최상급을 이용하면 다양한 비교 표현들을 만들 수 있습니다. 이들을 이용한 문제들이 다수 시험에 출제됩니다. 우선 가장 기본이 되는 원급을 이용한 표현들을 알아봅니다.

원급은 형용사와 부사의 원래 형태 그대로를 말합니다. 비교의 형태가 아닌 것으로 어떻게 비교급을 만들 수 있을지 궁금하시죠? as-as의 도움을 받으면 가능합니다. 원급과 as-as를 이용한 비교 표현은 독해를 할 때에도 굉장히 자주 활용됩니다. 이번 기회에 확실하게 익히면 두고두고 도움이 될 겁니다. 원급을 이용한 비교 표현을 본격적으로 배워보겠습니다.

① as 원급 as

I'm as tall as him. 나는 그와 키가 같다.

He is as clever as Jane. 그는 Jane만큼 똑똑하다.

[2010 국가직 9급 응용] Nothing in business is so important as credit. 사업에서 신용만큼 중요한 것은 없다.

② not + as(so) 원급 as

I am not as(so) tall as him. 나는 그만큼 키가 크지 않다.

Today is not as cold as yesterday. 오늘은 어제만큼 춥지 않다.

③ 배수사 + as(so) 원급 as

배수사는 두 배, 세 배 등을 나타내는 표현입니다.

$\times$ 1/2 = half

$\times$ 2 = twice

$\times$ 3 = three times

$\times$ 4 = four times

My house is twice as big as his house. 나의 집은 그의 집보다 두 배 크다.

Brazil is half as big as Russia. 브라질은 러시아의 1/2배만큼 크다.

비교급을 이용한 비교 표현

이번에는 형용사와 부사의 비교급을 이용한 표현들을 알아보겠습니다. 비교급을 이용한 비교 표현은 아마 가장 익숙할 겁니다. than을 이용해서 표현을 완성할 수 있습니다. 다만 기본 표현은 익숙하지만 비교 표현은 다양한 문장에서 조금씩 다른 형태로 활용되므로 기출 문장들을 통해 최대한 많은 문장들을 접하는 것이 중요합니다.

① 비교급 + than

해석: A가 B보다 더 ~하다

John is stronger than Scott. John은 Scott보다 강하다.

He is younger than my sister. 그는 내 여동생보다 어리다.

[2012 국가직 7급] People are less tolerant of smokers in public places.
사람들은 공공장소에서의 흡연자들을 덜 용인하고 있다.

[2014 국가직 9급] She is more beautiful than any other girl in the class.
그녀는 학급에서 가장 예쁜 소녀이다.

② not 비교급 + than

I am not heavier than him. 나는 그보다 무겁지 않다.

He is not richer than my father. 그는 나의 아버지보다 부자가 아니다.

③ get(grow, become) + 비교급 + and + 비교급

해석: 점점 더 ～해지다

It is getting warmer and warmer. 점점 떠 따뜻해지고 있다.

④ the + 비교급(주어 + 동사), the + 비교급(주어 + 동사)

해석: ～하면 할수록, 점점 더 … 하다

The older we grow, the weaker our memory becomes.

우리가 나이 들면 나이 들수록, 우리의 기억은 점점 더 약해질 것이다.

형용사의 비교급이 명사를 수식할 때는, 수식받는 명사가 비교급 바로 다음에
위치합니다.

The more money you have, the more you spend.

네가 돈을 더 많이 가질수록, 너는 더 많이 쓴다.

'주어+동사'를 생략하는 경우도 있습니다.

The sooner, the better. 더 빠를수록, 더 좋다.

The more, the better. 더 많을수록, 더 좋다.

⑤ 배수사 + as 원형 as

I eat twice as much as my sister. 나는 나의 여동생보다 두 배를 먹는다.

274

A. 라틴어 비교급이라고 부르는 비교급의 표현들이 있습니다.

inferior to(~보다 열등한) vs. superior to(~보다 우수한)

junior to(~보다 손아래의) vs. senior to(~보다 손위의)

major to(~보다 중요한) vs. minor to(~보다 작은)

이런 비교급들은 than과 함께 쓰지 않고 to와 함께 쓴다는 특징을 가지고 있습니다. 중학교 때 배운 표현 중에 prefer도 to와 함께 쓰니 더불어 알아두세요.

I prefer coffee to tea.

나는 차보다 커피를 선호한다.

최상급을 이용한 비교 표현

최상급은 최상급만의 표현도 중요하지만, 최상급을 원급이나 비교급을 이용해서 다양하게 나타내는 법도 익혀야 합니다.

① one of the + 최상급 + 복수명사

해석: 가장 –한 것 중의 하나

The Mississippi is one of the longest rivers in the world.

미시시피강은 세계에서 가장 긴 강 중에 하나다.

② 최상급의 다양한 다른 표현

Tom is the tallest in the class. Tom은 우리 반에서 키가 제일 크다.

= Tom is taller than any one else.

= Tom is taller than any other student.

= Tom is taller than all the other students.

= No other student is taller than Tom.

= No other student is as tall as Tom.

[2012 국가직 7급] No other man is faster than Bolt in the whole world.

전 세계에서 Bolt보다 빠른 사람은 없다.

최상급을 이용한 동화 속 명대사를 알아봅니다. 누구나 어린 시절에 읽어본 동화 〈백설공주〉의 명대사입니다.

"Magic Mirror on the wall, who is the fairest one of all?"
"(벽에 있는)마술 거울아, 누가 세상에서 가장 예쁘니?"

우리에게 너무나도 익숙한 〈백설공주와 일곱 난장이〉에는 전 국민이 다 아는 명대사가 등장하죠. 형용사 fair은 '어여쁜'이라는 의미를 가지고 있습니다. 그래서 the fairest는 '가장 예쁜'이 되는 것이죠. 국민 명대사를 형용사의 최상급을 이용해서 만든 거랍니다.

비교급과 최상급의 강조

비교 대상의 차이가 심할 때 '훨씬'이라는 의미로 비교급을 강조할 수 있습니다.
물론 최상급도 강조가 가능합니다. 강조를 이용한 문제들도 출제되있습니다.

① 비교급의 강조

형태: much, even, far, still, a lot 등을 사용

해석: 훨씬

She walks far faster than me. 그녀는 나보다 훨씬 더 빨리 걷는다.

Dogs are a lot smarter than you think. 개들은 네가 생각하는 것보다 훨씬 더 똑똑하다.

② 최상급의 강조

형태: much, the very, by far 등을 사용

해석: 가장, 최고의

He is by far the tallest boy in our class. 그는 우리 반에서 가장 키카 큰 소년이다.

This is the very best dictionary. 이것은 최고의 사전이다.

다양한 비교 표현을 해석해보세요.

1. This bridge is longer than I expected.
   이 다리는 내가 예상한 것보다 길다.

2. My sister came home later than my mom.

    나의 여동생은 엄마보다 늦게 집에 왔다.

3. I am even stronger than you. 나는 너보다 훨씬 더 강하다.

4. A turtle is a lot slower than a rabbit. 거북이는 토끼보다 훨씬 더 느리다.

5. He is still smarter than his brother.

    그는 그의 남동생보다 훨씬 더 똑똑하다.

6. This computer is far lighter than the old one.

    이 컴퓨터는 오래된 것보다 훨씬 더 가볍다.

7. This house is even more expensive than that one.

    이 집은 저 집보다 훨씬 더 비싸다.

8. This car is less expensive than that one. 이 차는 저 차보다 덜 비싸다.

9. She became lazier than any other person.

    그녀는 다른 누구보다 게으르게 되었다.

10. Dogs are a lot smarter than you think.

    개들은 네가 생각하는 것보다 훨씬 더 똑똑하다.

기타 중요한 비교급 표현들

비교급에서 다소 어려운 표현들이 있습니다. 이들의 의미를 한 번 확인하고 가

겠습니다.

① 긍정적인 분위기의 표현

no less than: ~씩이나, ~만큼이나

not less than: 적어도

He has no less than 100 dollars.

그는 100달러만큼 가지고 있다.

He have not less than 100 dollars.

그는 적어도 100달러는 가지고 있다.

② 부정적인 분위기의 표현

no more than: ~밖에

not more than: 기껏해야, 많아야

He is no more than 10 years old.

그는 10살밖에 되지 않았다.

I thought that she was not more than forty.

나는 그녀가 많아야 마흔 살이라고 생각했다.

[2016 지방직 7급]

Middle Easterners prefer to be no more than 2 feet from whomever they are communicating with so that they can observe their eyes.

중동지역 사람들은 누구와 대화를 나누든 간에, 상대방의 눈을 바라볼 수 있도록 상대방과 2피트가 넘지 않는 거리를 갖는 것을 선호한다.

[2016 지방직 7급 응용] Parental guidance is no less important than school education.

부모의 지도는 학교 교육 못지않게 중요하다.

공무원영어 기출TIP: 비교급, 최상급 연습하기

1. [2013 법원행정처 9급] A responsible tourist should not use more than he must.

2. [2016 지방직 9급] I'd rather relax at home than going to the movies to-night.

3. [2014 국회사무처 8급] We need more effective and creative international water management.

4. [2014 국회사무처 8급] In fact, a snake may lose its old skin as often as four times a year.

5. [2016 교육행정직 9급] The navigational compass was one of the most important inventions in history.

6. [2016 지방직 7급] Intercultural communication is most successful when spatial preferences are flexible.

7. [2013 지방직 9급] They are the largest animals ever to evolve on Earth, larger by far than the dinosaurs.

8. [2014 국회사무처 8급] We realize our pants are tighter than before, but can't resist another chocolate chip cookie.

9. [2014 국가직 9급] The paper is thicker, photos are more colorful, and most of the articles are relatively long.

[해석]
1. 책임감이 있는 관광객이라면 자신이 써야 하는 것보다 더 많이 쓰면 안 된다.
2. 오늘 밤 나는 영화 보러 가기보다는 집에서 쉬고 싶다.
3. 우리는 더 효과적이며 창의적인 국제적 용수 관리가 필요하다.
4. 실제로 뱀은 일 년에 네 번 정도로 자주 낡은 허물을 벗기도 한다.
5. 항해용 나침반은 역사시대에서 가장 중요한 발명품 중 하나였다.

6. 다양한 문화 간의 의사소통은 이러한 공간적 선호도가 융통성 있게 조절될 때, 가장 성공적으로 일어난다.

7. 그들은 지구상에서 진화한 가장 큰 동물인데, 공룡보다 훨씬 크다.

8. 우리는 우리 바지가 이전보다 더 조이는 것을 깨닫는다. 하지만 초콜릿 쿠키 하나를 억제하지 못한다.

9. 종이가 더 두껍고, 사진은 더 화려하며, 대부분의 기사들이 상대적으로 길다.

🔍 중간 정리

1. 형용사와 부사의 '원급/비교급/최상급'을 이용한 다양한 표현이 가능하다.

2. 최상급의 경우는 다양하게 다른 방식으로 표현하는 방법을 더불어 익혀야 한다.

3. 비교급과 최상급은 '훨씬'이라는 의미의 강조가 가능하다.

전치사

전치사는 8품사의 하나로서 '명사 앞에 위치하는 말'이라는 뜻입니다. 명사 앞에 쓰여서 시간, 장소, 방향 등 다양한 의미를 명사에 더하는 역할을 합니다. 전치사는 워낙 종류가 다양해서 대표적인 전치사를 위주로 알아봅니다.

시간의 전치사

① at + 시간 / 특정 시점

at noon 정오에
at dawn 새벽에
at 1:00 p.m. 오후 1시에

She came here at seven thirty. 그녀는 7시 30분에 여기에 왔다.

I will meet you at night. 나는 너를 밤에 만날 것이다.

② on + 요일 / 날짜 / 특별한 날

on May 10th 5월 10일에

on Sunday 일요일에

on Monday morning 월요일 아침에

My birthday falls on February 2nd. 내 생일은 2월 2일이다.

She never works on Christmas day. 그녀는 절대로 크리스마스에 일하지 않는다.

③ in + 달(월) / 년도 / 계절

in the morning / afternoon / evening 아침에 / 오후에 / 저녁에

in January 1월에

in spring 봄에

in 2015 2015년에

in the 21st century 21세기에

in the 1960s 1960년대에

She got married in September. 그녀는 9월에 결혼했다.

They came here in the summer. 그들은 여름에 여기에 왔다.

④ since

since breakfast 아침 이후로

장소의 전치사

각 전치사가 나타내는 장소의 느낌을 익히면 됩니다.

장소를 나타내는 대표적인 전치사들입니다.

① in ~ 안에

The ball is in the box. 공이 상자 안에 있다.

② on ~ 위에 (표면에 접촉해서)

The plant is on the table. 식물이 테이블 위에 있다.

③ under ~ 아래에

The ball is under the box. 공이 박스 아래에 있다.

④ next to(= beside) ~ 옆에

The ball is next to the box. 공이 박스 옆에 있다.

⑤ behind ~ 뒤에

The ball is behind the box. 공이 박스 뒤에 있다.

⑥ in front of ~ 앞에

The ball is in front of the box. 공이 박스 앞에 있다.

⑦ at + 비교적 좁은 장소

at the bus stop 버스 정류장에서

at the station 역에서

at the airport 공항에서

at home 집에서

I waited for her at the station. 나는 역에서 그녀를 기다렸다.

⑧ in + 비교적 넓은 장소

in Seoul 서울에서

in Korea 한국에서

in a city 도시에서

The weather is great in Korean in fall. 한국에서는 가을에 날씨가 좋다.

She lives in a city. 그녀는 도시에 산다.

방향의 전치사

① up ~ 위로

He is climbing up the ladder.

그가 사다리 위로 오르고 있다.

② down ~ 아래로

She is coming down the stairs. 그녀가 계단 아래로 내려오고 있다.

③ into ~ 안으로

He went into the woods to hunt. 그는 사냥하기 위해 숲속으로 갔다.

④ out of ~ 밖으로

Two bears came out of the cave. 곰 두 마리가 동굴 밖으로 나왔다.

시험에 나오는 전치사

지금까지 배운 기본적인 전치사 외에 시험에 자주 출제되는 전치사들을 익힙니다. 예문과 함께 느낌의 차이를 익히세요.

① until / by + 완료시점

until은 완료지점까지 동작이 꾸준히 이어져야 합니다. by는 일종의 마감기한을 나타내기 때문에 그 전에 동작이 완료되어도 됩니다.

until midnight 한밤중까지
until 10 p.m. 오후 10시까지
by noon 정오까지
by tomorrow 내일까지
He didn't come home until next morning. 그는 그 다음날 오전까지 집에 오지 않았다.
You have to be back by 9 o'clock. 너는 9시 정각까지 돌아와야 한다.

② for + 기간의 길이, during + 특정 기간

for two weeks 2주 동안

286

for a long time 오랫동안

for ages 오랫동안

I was on holiday for three weeks. 나는 3주간 휴가였다.

during the vacation 방학 동안에

during the winter 겨울 동안에

What are you going to do during summer vacation? 여름방학 동안 뭐 할 거니?

③ beside vs. besides

굉장히 비슷하게 생겼죠? 의미는 완전히 다릅니다.

beside: ~옆에

besides: ~이외에도, ~에 더하여

beside her 그녀 옆에

besides music 음악 이외에도

I stayed beside her. 나는 그녀 옆에 머물렀다.

I learned lots of things besides music. 나는 음악 이외에도 많은 것들을 배웠다.

공무원영어 기출TIP: 전치사 관용표현

in defiance of	~을 저항하는
in hot water	곤경에 처한
in reality	실제로는
in the face of	~에도 불구하고
owing	~덕택에
such as	~와 같은

공무원영어 기출TIP: O/X

Q1. [2015 국가직 9급] China's imports of Russian oil skyrocketed by 36 percent in 2014.

Q2. [2011 국가직 7급] At least it was, during its communist days.

Q3. [2016 지방직 7급] He is a teacher for children disability learning.

Q4. [2012 국가직 9급] I'd lost my front door key, and I had to smash a window by a brick to get in.

Q5. [2015 국가직 7급] As Gandhi stepped aboard a train one day, one of his shoes slipped off and landed for the track.

Q6. [2012 지방직 9급] Beside literature, we have to study history and philosophy.

A1. O [해석] 중국의 러시아 석유 수입이 2014년에 36%만큼 급등했다.

[해설] 수치를 나타낼 때는 전치사 by를 이용해서 '~만큼'을 나타냅니다. 올바른 문장입니다.

A2. O [해석] 적어도 공산주의 시대 동안 그것은 그러했다.

[해설] 전치사 during은 다음에 명사 덩어리가 이어집니다. 문장이 오면 안 됩니다. 올바른 문장입니다.

A3. X (children disability learning → children with disability learning) [해석] 그는 학습 장애 아동을 지도하는 교사다.

[해설] with는 정말 다양한 의미를 가진 전치사입니다. 이 문장에서는 '~을 가진' 정도의 의미로 쓰입니다.

A4. X (by → with) [해석] 나는 현관 열쇠를 잃어버려서, 안으로 들어가기 위해 벽돌로 유리창을 깨야 했다.

[해설] 전치사 with는 수단, 방법을 나타낼 수 있습니다. brick을 도구로 사용했다는 의미를 전달하기 위해 with를 사용해야 합니다.

A5. X (for → on) [해석] 어느 날 간디가 열차에 탑승할 때, 그의 신발 한 짝이 미끄러져서 선로에 떨어졌다.

[해설] 맥락상 '트랙 위에'라는 표현이 필요합니다. 따라서 전치사 on을 이용해서 위치를 나타냅니다.

A6. X (Beside → Besides) [해석] 우리는 문학 이외에도 역사와 철학을 공부해야 한다.

[해설] 맥락상 '~이외에도'라는 표현이 필요하기 때문에 besides로 고칩니다. beside는 위치적으로 '~옆에'라는 의미입니다.

 중간 정리 ·····

1. 전치사는 명사 앞에 위치하는 말이다.

2. 전치사는 명사 앞에서 시간, 장소, 방향을 나타낸다.

3. 다소 헷갈리는 전치사에 유의한다.

DAY 09
접속사

접속사의 탄생

국어사전에 의하면 '접속'이라는 말은 '맞대어 이음'이라는 뜻입니다. 무언가를 이어주는 말이 접속사입니다. 영어에서 접속사는 말과 말을 이어주는 말입니다. 조금 더 정확하게 말하면, 단어와 단어, 구와 구, 절과 절을 이어줍니다. 구와 절은 우리가 지금까지 익힌 문법 지식을 이용하면 아주 쉽게 익힐 수 있는 개념입니다.

Q. 구와 절은 뭔가요?

A. 쉽게 생각하면, 구와 절은 '덩어리'입니다. 몇 개의 단어가 모여서 하나의 덩어리처럼 쓰이는 것이 구와 절입니다.

1. 구?

2개 이상의 단어가 모여서 한 개의 품사 역할을 하며, 이들 단어 사이에는 '주어+동사'의 관계가 없는 것이 '구'입니다.

to study English

이들은 한 덩어리입니다. 하지만, '주어+동사' 관계가 보이지 않죠? 이것이 '구'입니다.

2. 절?

2개 이상의 단어가 모여서 한 개의 품사 역할을 하는 것은 구와 같지만 절에는 이들 단어 사이에 '주어+동사'의 관계가 있습니다. 보통 단어나 구보다는 절의 길이가 깁니다.

I know that she is pretty.

이 문장에서 밑줄 친 부분이 '절'입니다. 뭉쳐서 한 덩어리 같은 의미를 나타내고 있고, she와 is라는 '주어+동사' 관계가 성립합니다. 이 덩어리가 '절'입니다.

단어, 구, 절을 한 눈에 비교해 보면 다음과 같습니다. '단어 - 구 - 절'이 되면서 길이가 보통 길어집니다.

I know her. (단어)

I know how to swim. (구)

I know that he is honest. (절)

접속사의 종류

이런 단어와 단어, 구와 구, 절과 절을 이어 주는 접착제 역할을 하는 것이 접속사입니다. 접속사는 크게 등위접속사와 종속접속사로 나누어지는데, 용어가 다소 어렵게 느껴지지만 조금만 이해하면 금방 이해할 수 있습니다.

① 등위 접속사

등위접속사를 이용해서 두 덩어리를 이어주면, 두 덩어리는 동등한 자격으로 연결됩니다.

대표적인 등위 접속사 : and. but, or, so 등

coffee and donut

I am poor but happy.

I was sick, so I got up late.

② (등위)상관접속사

우리가 문법책에서 한 번쯤은 만났던 아래와 같은 숙어들도 문법적으로는 (등위)상관접속사입니다. 두 덩어리의 말을 연결해주는 접속사인 것이죠. 이름을 풀이해보면, '상관없는 두 덩어리를 동등한 위치로 상관있게 연결해주는 말' 정도입니다. 대표적인 상관접속사는 다음과 같습니다.

both A and B: A와 B 둘 다

I like both ski and snowboard. 나는 스키와 스노우보드를 둘 다 좋아한다.

either A or B: A, B 둘 중 하나

You can choose either red or yellow. 너는 빨간색과 노란색 중 하나를 고를 수 있다.

neither A nor B: A도 B도 아닌

I neither smoke nor drink. 나는 흡연을 하지 않고, 음주도 하지 않는다.

not only A but (also) B = B as well as A: A뿐만 아니라 B도

She is not only brave but also confident. 그녀는 용감할 뿐만 아니라 자신감이 있다.

not A but B: A가 아니라 B

This book is not hers but mine. 이 책은 그녀의 것이 아니라 나의 것이다.

공무원영어 기출TIP: 상관접속사 연습하기

1. [2010 국가직 9급] You as well as he are responsible for the failure.
2. [2017 지방직 9급] It was not her refusal but her rudeness that perplexed him.
3. [2016 기상직 9급] Inside the examination room we could neither smoke nor talk.
4. [2017 기상직 9급] In Australia, donating is not a special but an ordinary act.
5. [2013 지방직 7급] Neither threat nor persuasion could force him to change his mind.
6. [2015 기상직 9급 응용] A number of domestic expert as well as scholar join the research project.
7. [2017 서울시 사회복지직 9급] Both adolescents and adults should be cognizant to the risks of second-hand smoking.

[해석]
1. 그 남자뿐만 아니라 너도 그 실패에 책임이 있다.
2. 그를 당황하게 한 것은 그녀의 거절이 아니라 그녀의 무례함이었다.
3. 진료실 내부에서 우리는 담배를 피거나 이야기를 할 수 없었다.

4. 호주에서, 기부는 특별한 것이 아니라 일반적인 행동이다.

5. 협박도 하고 설득도 했지만, 그의 결심을 뒤집을 수는 없었다.

6. 국내의 학자뿐만 아니라 전문가들이 연구 프로젝트에 참가한다.

7. 청소년들과 성인들 모두 간접흡연의 위험성에 대해 인지하고 있어야 한다.

등위상관접속사를 이용하면 정말 멋진 영화의 명대사를 만들 수 있습니다. 디즈니의 애니메이션 〈라이언킹〉에는 다음과 같은 대사가 등장합니다.

"Oh yes, the past can hurt. But you can either run from it, or learn from it."
"그래, 맞아. 과거는 상처를 줄 수 있지.
하지만 너는 그것으로부터 도망치거나 아니면 그것으로부터 배울 수 있어."

영화 속에서 주인공인 사자 심바는 아빠를 잃고 그 죄를 뒤집어쓰고 도망치는 신세가 됩니다. 아픈 과거를 가지고 있지만, 그것으로부터 도망치거나 배움을 얻거나 둘 중 하나를 할 수 있다는 조언으로 다시 힘을 얻습니다. either A or B라는 상관접속사를 이용한 멋진 표현입니다.

③ 종속접속사

종속접속사는 '종'으로 '속'한다는 의미로 이해하면 됩니다. 두 덩어리를 연결했는데 종속접속사를 이용한 덩어리가 다른 덩어리에 종으로 속하는 결과를 가져오는 겁니다. 여기서 종으로 속한다는 것은 문장의 주된 역할을 하지 못하게 되는 겁니다. 종속접속사를 이용해서 문장을 연결하면 어떤 일이 생기는 지 살펴볼게요. 두 문장이 있습니다.

He was very tired. He completed the work.
앞 문장에 종속접속사 although를 붙입니다.

Although he was tired, he completed the work.
그는 피곤했지만, 그는 일을 완료했다.

이제 이 문장의 진짜 문장은 he completed the work. 입니다. 문장의 주어와 동사가 있는 부분이 진짜입니다. 종속접속사 although를 붙인 절은 '종'으로 '속'하게 되었습니다. 이것이 종속접속사의 역할입니다. 두 절을 연결해 주는 역할을 하는데, 두 개의 절 사이에 '주-종' 관계가 만들어집니다. 이때 종속접속사가 붙은 문장은 문장에서 명사, 부사의 역할을 할 수 있습니다. 명사로 쓰인다면 문장에서 주어, 목적어, 보어 역할을 하게 되고, 부사 역할을 하게 되면 문장의 구성 성분은 아니지만 의미를 보충해 주는 역할을 합니다. 자세한 종류는 잠시 후에 바로 확인합니다.

🔍 중간 정리 ┄┄

1. 접속사는 단어, 구, 절을 이어주는 역할을 한다.
2. 등위접속사, 등위상관접속사, 종속접속사가 있다.
3. 종속접속사는 명사절, 부사절의 역할을 한다.

종속접속사

명사절을 이끄는 종속접속사

종속접속사가 이끄는 절이 문장에서 명사 역할을 하면서 주어, 목적어, 보어로 쓰입니다. that, if, whether 삼총사가 명사절을 이끄는 종속접속사들입니다.

① 종속접속사 that

역할: 주어, 목적어, 보어 역할

해석: ~라는 것(사실)

주어: ~라는 것은

That the Earth is round is true. 지구가 둥글다는 것은 사실이다.

보어: ~라는 것이다

My dream is that there are no hungry people. 나의 꿈은 배고픈 사람들이 없는 것
이다.

목적어 : ～라는 것을 (that 생략 가능)
I hope (that) you study hard. 나는 네가 열심히 공부하기를 희망한다.

공무원영어 기출TIP: 접속사 관용표현

in that	～라는 점에서
now that	～이므로
so much so that	너무 ～해서 …하다
that said	그렇긴 하지만
to the effect that	～라는 취지에서
for fear that	～하지 않기 위해서

② 종속접속사 if/whether

역할: 문장에서 주어, 목적어, 보어 역할 (※if는 주어 역할 불가능, 주로 목적어 역할)

해석: ～인지 아닌지

I don't know whether it will rain tomorrow.

I wonder if he will win the race.

Q. if는 '만약' 아닌가요?

A. if를 해석할 때 '만약'이라고 많이 해석을 합니다. 하지만 사실 if는 영어에서 역할에 따
라서 2가지로 해석합니다.

부사절 if: 만약 ~라면

명사절 if: ~인지 아닌지

If he finishes the project, he will feel proud of himself. (부사절의 if)

만약 그가 그 프로젝트를 마친다면, 그는 그 자신에 대해서 자랑스러움을 느낄 것이다.

I'm not sure if this project will be successful or not. (명사절의 if)

나는 이 프로젝트가 성공적일지 아닐지 확신이 없다.

처음에는 다소 헷갈릴 수 있지만, 조금만 내공을 쌓으면 명사절과 부사절이 명확하게 구별되기 때문에 그에 맞추어서 if를 해석하면 됩니다.

---

③ 동격 that

동격의 that은 위에서 살펴본 접속사 that과는 약간 다른 성격을 가지고 있어서 따로 분류해서 익히는 경우가 많습니다. 접속사 that과는 달리 왼쪽에 명사를 쓰고, 접속사 that을 쓴 이후에 그 명사의 내용을 나타냅니다.

the hope, the fact, the news, the possibility, the feeling, the evidence, the proof, the belief + 동격 that + 완전한 문장

I know the fact that he is honest. 나는 그가 정직하다는 사실을 안다.

종속접속사 that과 if, whether은 문법적인 성격이 비슷합니다. 오른쪽 문장이 완전하고, 명사절을 이끈다는 공통점을 가지고 있습니다. 이들을 구별해야 하는 상황이 생기면 해석을 해서 의미로 구별합니다. that은 '~한 것(사실)'의

의미이고, if, whether은 '~인지 아닌지'라는 의미를 전달합니다.

접속사 that과 접속사 if/whether의 구별을 위해 문제를 풀어보겠습니다.

1. Jack said [that / whether] everything was fine.

2. The problem is [that / whether] this book positively affects teens.

3. He knows [that / whether] Jane likes him very much.

4. I don't know [that / if] history repeats itself.

5. The teacher asked me [that / whether] Mike came late or not.

정답은 다음과 같습니다.

1. that (Jack은 모든 것이 좋다고 말했다.)

2. whether (문제는 이 책이 긍정적으로 10대들에게 영향을 끼칠지 아닐지이다.)

3. that (그는 Jane이 그를 매우 많이 좋아한다는 사실을 안다.)

4. if (나는 역사가 스스로 반복되는지 모르겠다.)

5. whether (선생님께서는 우리에게 Mike가 늦게 왔는지 아닌지를 물어보셨다.)

1. [2017 서울시·사회복지직 9급 응용] I wonder if she will finish the work by tonight.
2. [2014 사회복지직 9급] Years later I found out that I actually love teaching.
3. [2008 법원행정처 9급] Teach your teen that the family phone is for the whole family.
4. [2017 국가직 9급 응용] Jamie learned from the book that World War I broke out in 1914.
5. [2014 지방직 7급] Hamas also agreed that day temporarily to stop firing rockets into Israel.
6. [2013 서울시 9급] He strongly believes that the alternatives had been offered by Jane won't work.
7. [2015 국가직 9급] That a husband understands a wife does not mean they are necessarily compatible.
8. [2017 지방직 9급] You might think that just eating a lot of vegetables will keep you perfectly healthy.
9. [2016 서울시 7급] Nutritionists recommended that everyone eat from three to five servings of vegetables a day.
10. [2015 지방직 7급] This discovery indicates that there may be a connec-tion between emotional factors and illness.

[해석]
1. 나는 그녀가 오늘 밤까지 그 일을 끝마칠지 궁금하다.
2. 몇 년 후 나는 내가 사실은 가르치는 것을 무척 좋아한다는 것을 알았다.
3. 당신의 십대 자녀에게 가정용 전화는 가족 모두를 위한 것임을 가르쳐라.
4. 제이미는 책에서 제1차 세계대전이 1914년에 일어났다고 배웠다.

5. 하마스도 이스라엘에 로켓을 발사하는 것을 일시적으로 중단하기로 그날 합의했다.

6. 그는 제인이 제안한 대안이 실효성이 없을 것이라고 굳게 믿고 있다.

7. 남편이 아내를 이해한다는 것이 그들이 필연적으로 사이좋게 지낸다는 것을 의미하지 않는다.

8. 당신은 단지 많은 채소를 먹는 것만으로도 당신이 건강을 유지할 수 있다고 생각할지도 모른다.

9. 영양사들은 모든 사람들이 하루에 3~5인분의 야채를 먹어야 한다고 권장한다.

10. 이러한 발견은 감정적인 요소들과 질병들 사이에 관련성이 있을 수도 있음을 보여준다.

 중간 정리

1. 명사절을 이끄는 종속접속사는 that, if, whether이다.

2. that은 주어, 목적어, 보어 역할을 한다.

3. if/whether도 (주어), 목적어, 보어 역할을 한다.

4. that과 if/whether은 해석이 다르다.

부사절을 이끄는 종속접속사

부사절을 이끄는 종속접속사

부사절을 이끄는 종속접속사와 붙는 절은 문장에서 부사의 역할을 하면서 의미를 보충하는 역할을 하게 됩니다. 다양한 종속접속사의 종류를 의미와 함께 기억하는 것이 중요합니다. 긴 문장에서 필수로 등장하는 문법인 만큼 의미와 형태를 꼭 기억해야 합니다. 다양한 의미를 기억하기 위한 팁을 드립니다. '옛 어르신인 '시조'가 '목'이 '결'려서 '양'치질을 '이(2)'번 한다'라고 기억을 하면 좋습니다. 앞글자만 따서 '시조/목결/양이'입니다.

물론 부사절을 이끄는 접속사의 종류는 시조목결양이 이외에도 굉장히 많이 있습니다. 의미만 파악하고 나면 어려울 것이 없으니, 기본적인 부사절을 이끄는 접속사의 의미들을 익히고, 이후에는 이런 접속사들을 만날 때마다 의미를 보충해나가면 됩니다.

① 시간 (때)의 접속사

when(~할 때), since(~이후로 줄곧), while(~하는 동안), after(~한 후에), before(~하기 전에), as(~할 때), until(~할 때까지), as soon as(~하자마자)

When I grow up, I will be a movie star. 내가 자라면, 나는 영화 배우가 될 것이다.

As soon as he arrives, I will leave here. 그가 도착하자마자, 나는 여기를 떠날 것이다.

② 조건의 접속사

if(만약 ~라면), unless(만약 ~하지 않으면), as long as(~하는 한)

If it rains tomorrow, I will stay here. 만약 내일 비가 내리면, 나는 여기 머물 것이다.

Unless you stop eating, you will get fat. 네가 먹는 것을 멈추지 않으면, 너는 뚱뚱해질 것이다.

③ 목적의 접속사

so that(~하기 위해서), in order that(~하기 위해서), lest + S + should(~하지 않도록)

Would you turn down the volume so that I can study? 내가 공부할 수 있도록 볼륨을 줄여줄래?

Lest you should forget it, write down the instructions. 그것을 잊지 않도록, 설명을 적어라.

④ 결과의 접속사

so + 형용사 / 부사 + that… (매우 ~하여 …하다)

such + a / an + 형용사 + 명사 + that… (매우 ~하여 …하다)

He is so strong that he can carry the heavy box. 그는 너무 힘이 세서 그 무거운 상자를 옮길 수 있다.

⑤ 양보의 접속사

though, although, even though, while(~임에도 불구하고, 비록 ~지만)

Though he is poor, he always smiles. 그는 가난하지만, 항상 웃는다.

⑥ 이유의 접속사

because, since, as, now (that)

Because I caught a cold, I couldn't attend the class. 나는 감기에 걸려서, 수업에 참석할 수 없었다.

공무원영어 기출TIP: 부사절 접속사

lest	~하지 않기 위해서
unless	~하지 않는다면
though	비록~일지라도
even though	비록~일지라도
while	반면에
whereas	반면에

부사절을 이끄는 종속접속사들은 이미 우리에게 많이 익숙합니다. 그만큼 영어에서 많이 활용이 된다는 뜻이죠. 홍콩영화 〈무간도〉를 할리우드에서 리메이크한 2006년도 작품 〈디파티드〉에는 다음과 같은 대사가 등장합니다.

"When you decide to be something, you can be it."
"네가 뭔가가 되기로 결심을 할 때, 너는 그것이 될 수 있어."

종속접속사 when이 우리가 잘 알고 있는 '시간'의 의미로 사용되었습니다. 개인적으로는 원작인 무간도를 워낙 재밌게 본 후라 그만큼의 감흥이 없었지만, 이 영화는 무려 아카데미 5개 부문에 후보로 올라 최우수작품상과 감독상 등을 수상했습니다. 맷 데이먼과 레오나르도 디카프리오라는 최고의 배우들이 주연을 맡았고, 마틴 스콜세지라는 명장이 감독을 했으니 이 영화는 굉장한 영화임에 틀림없습니다.

공무원영어 기출TIP: 부사절 연습하기

1. [2016 지방직 7급] I made a chart so that you can understand it better.

2. [2014 지방직 7급] Humans share food, while monkeys fend for themselves.

3. [2011 국가직 9급] I couldn't finish the exam because I ran out of time.

4. [2016 지방직 9급] That place is fantastic whether you like swimming or walking.

5. [2011 지방직(하반기) 7급] He comes from Jeju province, as you can tell from his accent.

6. [2012 지방직 하반기(사회복지직·인천시) 9급 응용] I felt so nervous that I couldn't concentrate on my work.

7. [2015 국가직 9급] There can be no true liberty unless there is economic liberty.

8. [2014 국회사무처 8급] Thereafter, each time it sheds its skin, a new ring is formed.

9. [2013 국가직 7급] I'll drop by your place this evening unless you are

busy.

10. [2008 국회사무처 8급] The next time I will go to New York, I am going to see a ballet.

11. [2008 국가직 7급 응용] Since this is fragile, be careful lest you should break it.

12. [2017 서울시·사회복지직 9급 응용] Although he made a mistake, he could be respected as a good teacher.

13. [2013 국가직 7급] They were short of water, so that they drank as little as possible.

14. [2017 국가직 9급] Please come to the headquarters as soon as you receive this letter.

15. [2011 국가직 9급] Even though he didn't go to college, he is a very knowledgeable man.

[해석]

1. 당신이 그것을 더 잘 이해할 수 있게 제가 도표를 만들었습니다.

2. 인간은 음식을 공유하는 반면 원숭이는 각자 알아서 한다.

3. 시간이 부족해서 시험을 끝낼 수 없었다.

4. 당신이 수영 또는 걷기를 좋아하든 간에 그 장소는 환상적이다.

5. 말투에서 알 수 있듯이 그는 제주 출신이다.

6. 나는 매우 신경이 예민해져서 일에 집중할 수 없었다.

7. 경제적 자유가 없다면 진정한 자유가 있을 수 없다.

8. 그 후에 그것(뱀)이 허물을 벗을 때마다 새로운 고리가 형성된다.

9. 당신이 바쁘지 않으면 오늘 저녁에 당신 집에 들르겠다.

10. 다음에 내가 뉴욕에 가게 되면 발레를 보러 갈 거야.

11. 이것은 깨지기 쉬우니 깨뜨리지 않도록 조심해라.

12. 그는 실수하기는 했지만, 좋은 선생님으로 존경 받을 수 있었다.

13. 그들은 물이 부족했으므로 가능한 적게 마셨다.

14. 이 편지를 받는 대로 곧 본사로 와 주십시오.

15. 그는 대학에 다니지 않았지만 아는 것이 아주 많은 사람이다.

🔍 중간 정리

1. 부사절을 이끄는 종속접속사는 시간, 조건, 목적, 결과, 양보, 이유 등 다양한 의미를 문장에 더한다.

2. 부사절을 이끄는 종속접속사는 의미를 익혀야 한다.

가정법은 공무원 시험에서 굉장히 많이 강조되는 문법입니다. 수학처럼 공식을 외워야 하는 문법이라서 문법 문제를 내기 좋기 때문입니다. 가정법은 현재나 과거 사실의 반대를 상상하는 겁니다. 이루어질 수 없는 일을 가정하는 것이 '가정법'입니다. 일어날 것 같은 일은 가정법이 아닙니다.

가정법: 이번 시험에 100점을 받는다면 (100점 받을 가능성이 절대 없는 학생)
가정법X: 이번 시험에 100점을 받는다면 (100점을 충분히 받을 수 있는 학생)

이렇게 정리됩니다. 아주 쉬운 가정법의 예들이 우리 주변에 있습니다. 현재 일어날 가능성이 없는 일을 이야기하거나 과거에 이미 일어난 일들의 반대 상황을 가정해볼 때 가정법을 사용합니다.

내가 만약 여자라면 (현실: 나는 현재 남자예요.)
내가 만약에 부모님이라면 (현실: 나는 부모님이 아니죠.)
내가 너라면 (현실: 나는 네가 될 수 없죠.)
지난 시험에 최선을 다했더라면 (현실: 지난 시험에 최선을 다하지 않았어요.)
어제 밤에 치킨을 안 먹고 잤더라면 (현실: 어제 밤에 치킨을 먹고 잤어요.)
너의 충고를 들었더라면 (현실: 너의 충고를 무시했어요.)

어떤가요? '가정법'이라는 낯선 이름에 비해서 일상에서 우리가 가정법을 상당히 많이 사용한다는 사실을 알 수 있습니다. 이제 가정법을 사용할 때 지켜야 할 공식만 추가로 익히면 됩니다. 도치와 강조는 영문법의 마무리인데, 지금 바로 알아볼게요. 마지막까지 오시느라 정말 수고하셨습니다.

DAY 10
영문법
마무리하기 2

DAY 10
가정법

가정법은 현실과는 반대의 상황을 가정하는 문법입니다. 우리가 일상에서 상상하는 내용들이 모두 가정법입니다. 가난한 사람이 '내가 부자라면…'이라고 상상을 하고, 뚱뚱한 사람이 '내가 날씬하다면…'이라고 상상하는 것들이 모두 영어로는 가정법입니다. 가정법은 정확하게 공식대로 사용하는 것이 중요합니다. 이런 가정법의 공식을 이용해서 시험 문제가 출제됩니다. 공식을 중심으로 가정법을 정확하게 익혀봅니다.

가정법 과거

현재 사실의 반대 상황을 가정해 볼 때 가정법 과거를 씁니다. 왜 현재 사실을 가정하는데 '과거'라는 이름이 붙었느냐! 가정법은 판타지스러운 이야기를 하는 것이기 때문에 너무 문장이 현실적이면 안 됩니다. 뭔가 현실적이지 않은 느낌이 필요합니다. 그래서 현재 사실에 대한 이야기를 하는데 동사의 과거를 사용하고 그런 이유로 가정법 과거라는 문법 용어를 사용합니다.

의미: (현재) ~하다면 …할 텐데
용도: 현재 사실과 반대되는 가정을 할 때, 실현 가능성이 희박한 일을 가정할 때
공식:

If + 주어 + 동사의 과거형, 주어 + would/should/could/might + 동사원형
If I had enough time, I would not eat fast foods.
내가 충분한 시간이 있다면, 나는 패스트푸드를 먹지 않을 텐데.
= (현실) 시간이 충분히 없어서 나는 패스트푸드를 먹는다.

be동사의 경우는 가정법 과거를 만들 때 주어와 상관없이 were를 사용합니다. 이런 독특한 형태를 쓰는 이유는 이 문장은 '사실'이 아니라는 것을 강조하기 위함입니다.

If she were smart, she could solve the problem.
그녀가 똑똑하다면, 그녀는 그 문제를 해결할 수 있을 텐데.

가정법 과거가 영화에서 굉장히 적절히 쓰인 때가 있습니다. 모든 분들, 특히 남자 분들이라면 누구나 좋아하는 영화 〈아이언맨〉의 초반에 이런 대사가 나옵니다.

"But if I were Tony, I would tell you how honored I feel and what a joy it is to receive this very prestigious award."

"그러나 내가 만약 Tony라면, 나는 내가 얼마나 영광스럽게 느끼는지, 그리고 이런 매우 명망 있는 상을 받는 것이 얼마나 즐거운 일인지 말할 것이다."

완벽한 가정법 과거를 이용한 문장입니다. 극의 초반에 주인공 Tony(로버트 다우니 주니어)가 명망 있는 상을 받아야 하는 시상식장에 나타나지 않아서 대리수상을 하는 인물이 위와 같은 말을 합니다. 자신은 Tony가 절대로 아닙니다. 그러니 현실의 반대를 가정하는 '가정법 과거'를 사용해서 위와 같은 표현을 한 겁니다. 이렇게 일상에서 우리는 굉장히 많은 가정을 한답니다.

[2015 교육행정직 9급]
If I were you, I'd apply for the position just for the experience.
내가 너라면 나는 경험삼아서 그 자리에 지원할 텐데.

가정법 과거완료

가정법 과거완료도 가정법 과거처럼 이름에 현혹되면 안 됩니다. 가정법 과거완료는 과거 사실의 반대 상황을 가정하는 가정법입니다. 과거에 이미 지나가 버린 일들에 대해서 반대 상황을 가정해 보면서 후회를 할 때에 주로 사용합니다.

의미: (과거에) ~했다면 …했을 텐데

용도: 과거 사실과 반대되는 상황을 가정할 때

공식:

If + 주어 + had + 과거분사, 주어 +would/should/could/might + have + 과거분사

If I had studied hard, I could have passed the test.

내가 열심히 공부했더라면, 나는 시험을 통과할 수 있었을 것이다.

= (현실) 열심히 공부하지 않아서 시험을 통과하지 못했다.

가정법이라는 것이 은근히 헷갈리는 문법입니다. if로 시작하는 문장이 가정법의 공식을 따랐는지를 확인하고, 가정법으로 확인되면, 정확하게 가정법의 느낌에 맞게 해석해야 합니다. 가정법 문장들을 연습해봅니다.

가정법이 사용된 다음 문장들을 해석하세요.

1. If I had enough money, I would buy a big house.

   내가 돈이 많다면, 나는 큰 집을 살 수 있을 텐데.

2. If we won the lottery, we would travel the world.

   우리가 복권에 당첨된다면, 우리는 세계 여행을 할 텐데.

3. If you had a better job, we would be able to buy a new car.

   네가 더 나은 직업을 가졌다면, 우리는 새 차를 살 수 있을 텐데.

4. If we lived in Mexico, I would speak Spanish.

   우리가 멕시코에 산다면, 우리는 스페인어를 할 수 있을 텐데.

5. If she had studied, she would have passed the exam.

   그녀가 공부했다면, 그녀는 시험을 통과할 수 있었을 텐데.

6. If we had arrived earlier, we would have seen John.

   만약 우리가 더 일찍 도착했더라면, 우리는 John을 봤을 텐데.

7. If they had gone to bed early, they wouldn't have woken up late.

   그들이 일찍 잠자리에 들었다면, 그들은 늦게 깨지 않았을 텐데.

8. If he had become a musician, he would have recorded a CD.

   그가 음악가였다면, 그는 CD를 녹음했을 텐데.

9. If she had gone to art school, she would have become a painter.

   그녀가 예술학교에 갔더라면, 그녀는 화가가 되었을 텐데.

10. If she had gone to university, she would have studied French.

   만약 그녀가 대학에 갔더라면, 그녀는 프랑스어를 배웠을 텐데.

혼합가정법

혼합가정법이라는 문법은 이름에서 느껴지듯이 앞에서 배운 2개의 가정법이 '혼합'된 것입니다. 과거에 발생한 일이 현재까지 영향을 미치는 경우가 있습니다.

예를 들어 내가 5년 전에 금연하라는 의사의 충고를 듣지 않아서 지금 현재 폐암으로 고통 받고 있다고 해보죠. '5년 전에 의사의 충고를 들었더라면'이라고 가정하는 것은 과거 상황에 대한 반대이기 때문에 가정법 과거완료를 사용해야 합니다.

여기까지 이해되셨죠? 자, 그러면 '현재 폐암으로 고통받지 않을 텐데'라는 가정은 현재에 대한 이야기이죠? 그래서 가정법 과거를 사용해야 합니다. 그렇다면 '가정법 과거완료 + 가정법 과거'를 사용하는 경우가 생기게 됩니다. 이것이 혼합가정법입니다.

의미: (과거에)~했다면, (현재) …할 텐데

용도: 과거에 발생한 일이 현재까지 영향을 미칠 때 사용

314

공식:

If + 주어 + had + 과거분사, 주어 + would/should/could/might + 동사원형
　　　가정법 과거 완료　　　　　　　　　　　가정법 과거

If he had taken the doctor's advice, he might still be alive.
만약 그가 의사의 충고를 들었더라면, 그는 (지금) 살아 있을 텐데.

공무원영어 기출TIP: 혼합가정법 연습하기

1. [2008 국가직 7급]

   If he had not died in the war, he would be forty now.
   만일 그가 전쟁에서 죽지 않았더라면, 그는 지금 40세일 것이다.

2. [2012 지방직(하반기)(사회복지직·인천시) 9급]

   If I had followed your advice, I would be very healthy now.
   만약 내가 당신의 충고를 따랐더라면, 지금쯤 매우 건강할 텐데.

Q. if로 시작하는 문장은 모두 가정법인가요?

A. 아닙니다. 가정법은 철저하게 공식을 지켜줘서 현실과는 반대의 이야기를 하는 문법입니다. 위에서 배운 공식을 따랐다면 가정법이지만, 그렇지 않다면 가정법이 아닙니다. 가정법이 아닌 문장의 내용은 실현가능성이 있습니다. 아래 문장들은 전부 가정법이 아닙니다. 가정법의 공식을 따르고 있지 않기 때문입니다.

1. If I go out tonight, I'll go to the cinema.
   만약 내가 오늘밤 나간다면, 나는 영화 보러 갈 것이다.

2. If you get back late, I'll be angry.

   만약 네가 늦게 돌아온다면, 나는 화날 것이다.

3. If he comes, I'll be surprised.

   만약 그가 돌아오면, 나는 놀랄 것이다.

4. If we wait here, we'll be late.

   만약 우리가 여기에서 기다리면, 우리는 늦을 것이다.

5. If we go on holiday this summer, we'll go to Spain.

   만약 우리가 이번 여름에 휴가를 간다면, 우리는 스페인에 갈 것이다.

I wish 가정법

가정법과 I wish를 합치면 소망을 표현하는 문장을 만들 수 있습니다. 가정법과 I wish를 합치는 것 역시 가정법의 영역이기 때문에 철저하게 공식을 따라야 합니다.

① I wish + 가정법 과거

: 가정하는 내용이 주절과 동일 시점

I wish I were rich.

내가 부자라면(현재) 좋을 텐데.(현재)

I wished I were rich.

내가 부자라면 좋았겠다고(과거) 바랐다.(과거)

② I wish + 가정법 과거완료

: 가정하는 내용이 주절보다 하나 더 과거 시점

I wish I had been rich.

내가 부자였다면(과거) 좋을 텐데.(현재)

I wished I had been rich.

나는 부자였더라면(과거의 과거) 좋았겠다고 바랐다.(과거)

[2008 지방직(상반기) 7급] I wish I were as intelligent as he is.

내가 그 사람처럼 똑똑하면 좋을 텐데.

[2010 국가직 7급] I wish that we were on vacation now.

우리가 지금 방학 중이라면 좋을 텐데 .

[2017 기상직 9급 응용] I wish I had used my imagination earlier.

내가 내 상상력을 좀 더 일찍 썼더라면 좋을텐데.

as if 가정법

as if를 이용한 가정법 문장도 빈번히 사용됩니다. I wish 가정법과 사용법이 비슷합니다.

① as if + 가정법 과거

: 가정하는 내용이 주절과 통일시점

He talks as if he were rich.

그는 자신이 부자인 것처럼(현재) 말한다.(현재)

He talked as if he were rich.

그는 자신이 부자인 것처럼(과거) 말했다.(과거)

② as if + 가정법 과거완료

: 가정하는 내용이 주절보다 하나 더 과거 시점

He talks as if he had been rich.

그는 자신이 부자였던 것처럼(과거) 말한다.(현재)

He talked as if he had been rich.

그는 자신이 부자였던 것처럼(과거의 과거) 말했다.(과거)

if의 생략

가정법에서 if를 생략하는 경우가 있습니다. 이때는 문장의 순서에 변화가 일어납니다. 그 변화에 주목해야 합니다.

① If it were not for ~ : ~이 없다면 (현재)

→ (생략) Were it not for ~

If it were not for your advice, I would fail.

너의 충고가 없다면, 나는 실패할 것이다.

= Were it not for your advice, I would fail.

② If it had not been for ~ : ~이 없었더라면 (과거)

→ (생략) Had it not been for ~

If it had not been for my son, I wouldn't have been happy.

내 아들이 없었다면, 나는 행복하지 않았을 것이다.

= Had it not been for my son, I wouldn't have been happy.

1. [2011 국회사무처(속기 사서직) 9급] If the weather were good, I could go fishing.

2. [2012 국가직 7급] Had I had the book, I could have lent it to you.

3. [2010 국가직 9급] I wish we had purchased the apartment last year.

4. [2012 지방직 9급] He speaks English fluently as if he were an American.

5. [2013 국가직 7급] Had she come to the concert, she would have enjoyed it.

6. [2016 서울시 7급] I wish I had studied biology when I was a college student.

7. [2015 교육행정직 9급] If I were you, I'd apply for the position just for the experience.

8. [2008 지방직(상반기) 7급 응용] If I had had enough money at that time, I would have lent it to you.

9. [2013 지방직 9급] If he had taken more money out of the bank, he could have bought the shoes.

10. [2012 지방직 9급] If it had not been for Newton, the law of gravitation would not have been discovered.

11. [2017 기상직 9급] Tom might have been like that throughout his life, had he not found his son.

12. [2010 국회사무처 8급] If I had a time machine, I would choose to travel Joseon in the early 18th century.

13. [2013 법원행정처 9급] If no one bought those items, people would stop killing those endangered animals.

14. [2013 서울시 9급] If Hitler hadn't invaded other European countries, World War II might not have taken place.

15. [2010 국회사무처 8급] Had the Korean team made it to the quarter final, the whole nation would have gone wild.

[해석]

1. 나는 날씨가 좋다면, 나는 낚시하러 갈 수 있을 텐데.

2. 그 책이 있었다면, 너에게 빌려 줄 수 있었을 텐데.

3. 우리가 작년에 그 아파트를 구입했었더라면 얼마나 좋을까.

4. 그는 마치 자신이 미국 사람인 것처럼 유창하게 영어로 말한다.

5. 그녀가 콘서트에 왔었다면 좋아했을 것이다.

6. 대학생이었을 때 내가 생물학을 공부했다면 좋을 텐데.

7. 내가 너라면 나는 경험삼아서 그 자리에 지원했을 텐데.

8. 만일 내가 그때 충분한 돈을 가지고 있었더라면 너에게 빌려 주었을 것이다.

9. 그가 은행에서 더 많은 돈을 찾았더라면 그 신발을 살 수 있었을 텐데.

10. 뉴턴이 없었다면 중력법칙은 발견되지 않았을 것이다.

11. Tom이 아들을 찾지 못했더라면, 그는 평생 이러했었을 텐데.

12. 만약 내게 타임머신이 있다면 나는 18세기 초의 조선으로 여행하는 것을 택할 것이다.

13. 그런 물품을 아무도 사지 않는다면 사람들은 멸종 위기에 처한 그런 동물들을 죽이는 것을 멈출 것이다.

14. 히틀러가 다른 유럽 국가를 침략하지 않았다면 제 2차 세계대전은 일어나지 않았을 것이다.

15. 한국팀이 준결승에 진출했다면, 온 나라가 야단법석을 떨었을 것이다.

🔍 중간 정리 ···

1. 가정법 과거는 현재 사실의 반대 상황을 가정한다.

2. 가정법 과거완료는 과거 사실의 반대 상황을 가정한다.

3. I wish, as if를 이용한 가정법이 있고, if는 생략이 가능하다.

DAY 10
도치 구문

도치 구문

도치는 국어사전에서 '문장 안에서 정상적인 어순 따위를 뒤바꿈'이라고 정의하고 있습니다. 정확히는 '주어–동사'를 '동사–주어'의 순서로 바꾸는 것을 말합니다.

강조하고자 하는 문장의 성분을 앞으로 보내면서, 주어와 동사의 순서가 뒤바뀌는 것을 '도치'라고 말합니다. 무조건 주어와 동사가 서로 자리를 바꾸는 것은 아니고, 동사의 종류에 따라서 형태가 다양합니다.

동사의 종류가 3가지니까, 도치된 형태도 3가지입니다. 자세한 내용을 살펴보겠습니다.

① 도치 구문의 형태

(도치된 성분) + be동사 + 주어

+ 조동사 + 주어 + 동사원형

+ do/does/did + 주어 + 동사원형

문장의 앞으로 나오게 되는 성분들은 굉장히 다양합니다. 경우가 다양하기 때문에 도치를 완전히 정복하는 것은 까다롭습니다. 도치를 공부할 때는 해당 문장이 정상적인 순서가 아닌 '도치'가 일어난 문장이라는 것을 알아차리는 것이 가장 중요합니다. 문장의 시작이 주어가 아닌 것을 눈치 채는 것이 중요합니다.

② 다양한 도치 구문

1. 부정어구 문두 + V + S

   : 부정하는 말이 앞으로 나오면서 강조됩니다.

   (no, not, never, only, little, hardly, seldom, scarcely, not only, not until, no sooner etc)

   Not a single word did he say. 그는 한 마디도 하지 않았다.

2. Only 부사(구/절) + V + S

   : only로 시작하는 덩어리가 앞으로 나오면서 강조됩니다.

   Only with great difficulty can she carry these books. 큰 어려움과 함께 그녀는 이 책들을 옮길 수 있다. (책 옮기기가 어렵다.)

3. 장소, 방향의 부사구 + 자동사 + 주어

: 장소, 방향을 나타내는 부사구가 앞으로 나오면서 주어–동사 순서가 바뀝니다.

At our feet lies the valley. 우리의 발에 계곡이 놓여 있다.

4. 주격보어 + V + S

: 주격보어가 앞으로 나오면서 주어–동사 순서가 바뀝니다.

So great was her sorrow that she could hardly speak. 그녀의 슬픔은 너무 커서 그녀는 말을 할 수 없었다.

5. 목적어 + S + V

: 목적어가 앞으로 나온 경우 주어–동사 순서가 안 바뀝니다. 주의하세요.

What he said I cannot believe.

그가 한 말을 나는 믿을 수 없다.

6. as, than + V + S

: as, than은 뒤에 이어지는 내용을 압축하면서 주어–동사의 도치가 일어납니다.

Sam is very quiet, as is his mother. Sam은 매우 조용하고, 그의 엄마도 그러하다.

I spent more time working on my report than did my friend. 나는 내 친구가 그런 것보다 보고서를 작성하는 데 더 많은 시간을 썼다.

7. so, neither, nor + V + S

: so, neither을 이용해서 앞선 긍정, 부정에 대한 동의를 나타냅니다.

I like pizza. 나는 피자를 좋아해.

So do I. 나도 그래.

I don't like pizza. 나는 피자를 좋아하지 않아.

Neither/Nor do I. 나도 싫어해.

8. 강조 구문 도치

: so-that, such-that 강조 구문이 도치됩니다.

She was so angry that she didn't say a word.

그녀는 너무 화가 나서 한 마디도 하지 않았다.

→ So angry was she that she didn't say a word.

She was such a beautiful woman that everyone loved her.

그녀는 너무 아름다운 여성이어서 모든 이들이 그녀를 사랑했다.

→ Such a beautiful woman was she that everyone loved her.

[2017 국가직 9급] Only after the meeting did he recognize the seriousness of the financial crisis.

그 회의 후에야 그는 금융 위기의 심각성을 알아차렸다.

[2016 사회복지직 9급] I never did anything by accident, nor did any of my inventions come by accident.

나는 어떤 일도 결코 우연히 하지 않았으며, 내 발명 중 어느 것도 우연히 이루어진 것은 없었다.

[2017 지방직 9급] Included in this series is "The Enchanted Horse," among other famous children's stories.

"마법에 걸린 말"은 다른 유명한 동화 가운데 이 시리즈에 포함되었다.

[2009 서울시(세무·기술직) 9급] The mother does not leave his side, 'nor does she leave him there' long enough to weary him.

그 엄마는 아기의 곁을 떠나지도 않고 아기를 지치게 할 만큼 오랫동안 그를 그곳에 놔두지도 않는다.

[2014 지방직 7급] So ridiculous did she look that everybody burst out laughing.
그녀가 너무 꼴불견이어서 모든 사람들이 갑자기 웃기 시작했다.

Q. 복잡한 도치 구문은 왜 공부해야 하나요?

A. 도치 구문은 주어와 동사가 바뀌는 현상이 발생해서 이를 이용한 문법 문제들이 각종 시험에 출제됩니다. 보통은 주어가 동사 왼쪽에 있어야 하는데, 도치된 문장에서는 동사의 오른쪽에 주어가 위치하게 됩니다. 아래 문제를 보세요.

Q. 다음 괄호 안에서 알맞은 것을 고르세요.

Just waiting for love [is / are] the many good pets at animal shelters.
많은 좋은 애완동물들이 동물 보호소에서 단지 사랑을 기다리고 있다.
정답: are (주어는 the many good pets)

On top of an octopus's head [is / are] two large shiny eyes.
두 개의 크고 빛나는 눈들이 문어의 머리 위에 있다.
정답: are (주어는 two large shiny eyes)

이 문장들이 도치되었음을 파악하고 동사의 오른쪽을 보고 주어를 찾아서 문제를 풀어야 합니다.

어떤가요? 솔직히 말해 도치 구문이 어렵고 딱딱하게 느껴지죠? 하지만 일상의 로맨스가 가득한 1995년 개봉영화 〈비포 선라이즈〉의 대사에도 도치 구문이 쓰였답니다.

Only if you find peace within yourself will you find
true connection with others.
"오직 너 자신 안에서 평화를 찾을 때에만
너는 다른 사람과의 진정한 연결을 발견할 수 있어."

실생활에서 도치 구문이 쓰인 사례를 좀 더 살펴볼게요. 도치 구문을 이용하
면 강조하고 싶은 부분에 확실한 힘을 실을 수 있기 때문에 도치 구문은 문법
책 밖에서도 다양하게 활용됩니다. 여성으로서 최초로 미 하원의장 자리에 올
랐던 낸시 펠로시는 웹스터 대학교의 졸업식 연설에서 다음과 같은 말을 남겼
습니다.

Essential to meeting the challenges of making peace and creating a better
world are our men and women with uniform.
"평화를 구축하고 더 나은 세계를 만드는 과업에 대처하려면
군의 남녀 장병들이 꼭 필요합니다."

문장이 좀 어렵게 생겼죠? 완벽하게 도치가 된 문장입니다. essential(필수적
인)을 강조하기 위해서 앞으로 도치시켰고, 이로 인해서 동사 are과 our men
and women with uniform의 주어가 뒤로 자리를 옮겼습니다. 좀 어렵죠? 원
래 문장은 아래와 같습니다.

Our men and women with uniform are essential to meeting the challenges
of making peace and creating a better world.

위 문장에서 꼭 필요하다는 의미의 'essential'을 더욱 강조하기 위해서 앞으로 도치시켰답니다. 보어가 앞으로 도치되면서 원래 문장의 주어와 동사의 순서가 바뀌었습니다.

공무원영어 기출TIP: 도치 구문 연습하기

1. [2015 사회복지직 9급] On the platform was a woman in a black dress.
2. [2017 국가직 9급] They didn't believe his story, and neither did I.
3. [2011 서울시 9급] No sooner he had gone out than it started raining.
4. [2008 국회사무처 8급] Hardly had the game begun, when it started raining.
5. [2015 지방직 9급] Under no circumstances should you leave here.
6. [2014 서울시 9급] Eloquent though she was, she could not persuade him.
7. [2014 서울시 9급] The sea has its currents, as do the river and the lake.
8. [2014 서울시 9급] Only in this way is it possible to explain their actions.
9. [2015 지방직 7급] Under no circumstances can a customer's money be refunded.
10. [2009 법원행정처 9급] Among the most tragic accidents are those involving guns.
11. [2014 지방직 7급] So ridiculous did she look that everybody burst out laughing.
12. [2014 서울시 9급] So vigorously did he protest that they reconsidered his case.
13. [2015 사회복지직 9급] The boy had no sooner fallen asleep than his father came home.
14. [2017 국가직 9급] Hardly did she enter the house when someone turned on the light.

15. [2015 기상직 9급 응용] Nestled in the atmosphere are clouds of liquid water and ice crystals.

[해석]

1. 연단에 검은 원피스를 입은 여자가 있었다.

2. 그들은 그의 말을 믿지 않았으며, 나 또한 믿지 않았다.

3. 그가 나가자마자 비가 내리기 시작했다.

4. 경기가 시작되자마자 비가 내리기 시작했다.

5. 어떤 상황에서도 너는 이곳을 떠나면 안 된다.

6. 그녀가 달변이긴 했지만 그를 설득할 수는 없었다.

7. 강과 호수가 그런 것처럼 바다도 그 흐름을 가지고 있다.

8. 이런 방식으로만 그들의 행동을 설명하는 것이 가능하다.

9. 어떠한 경우라도 고객의 돈은 환불되지 않는다.

10. 가장 비극적인 사고들 중에는 총기와 관련된 사고들이 있다.

11. 그녀가 너무 꼴불견이어서 모든 사람들이 갑자기 웃기 시작했다.

12. 그가 너무나도 격렬하게 항의해서 그들은 그의 사건을 재고했다.

13. 소년이 잠들자마자 그의 아버지가 집에 왔다.

14. 그녀가 집에 들어가자마자 누군가가 불을 켰다.

15. 액체 상태의 물로 된 구름과 얼음 결정이 이 대기 안에 자리 잡고 있다.

🔍 중간 정리 ···

1. 다양한 도치 구문이 존재한다.

2. 도치가 일어나면 주어와 동사의 순서가 바뀐다.

3. 도치가 되어서 문장 구조에 변화가 일어났음을 아는 것이 중요하다.

강조 구문

강조는 특정한 부분을 강조할 수도 있고, 동사를 강조할 수도 있습니다. 먼저 동사를 강조하는 경우를 살펴봅니다.

① 동사를 강조하는 do/does/did

조동사 do/does/did를 이용해서 동사를 강조할 수 있습니다. 이때 조동사는 do/does/did 중에서 주어와 시제에 맞추어서 알맞게 사용해야 합니다.

- 동사를 강조하기 위해서 조동사 do, does, did를 사용
- 'do, does, did + 동사원형'의 형태로 사용
- 주어의 인칭과 시제에 맞추어 강조의 조동사를 선택

I went swimming last weekend. 나는 지난 주말에 수영하러 갔다.
[강조] I did go swimming last weekend.

He studies English very hard. 그는 영어를 매우 열심히 공부한다.
[강조] He does study English very hard.

② it-that 강조 구문

강조 구문은 이름 그대로 특정한 내용을 강조하기 위해서 특별한 문법을 사용하는 겁니다. 생각보다 간단한 문법입니다. it-that 사이에 강조하고 싶은 성분을 집어넣으면 됩니다. 그리고 문장의 나머지 내용들은 차례대로 that 다음에 나열하면 됩니다. 평범한 문장을 강조 구문으로 만들어보겠습니다.

I saw Sarah at school. 나는 학교에서 Sarah를 만났다.

이 문장에서 다양한 내용을 강조해 보겠습니다. 강조하고 싶은 말을 it-that 사이에 집어 넣기만 하면 간단하게 강조 구문을 완성할 수 있습니다. 이때 be동사는 시제에 맞게 적절하게 변형해서 넣어 줘야 합니다. 이 문장은 saw라는 과거 시제의 문장이므로 was를 사용합니다. 강조하고 싶은 내용에 따라서 다양한 문장을 만들 수 있습니다.

It was I that saw Sarah at school. Sarah를 학교에서 본 사람은 바로 '나'였다.
It was Sarah that I saw at school. 내가 학교에서 본 사람은 바로 'Sarah'였다.
It was at school that I saw Sarah. 내가 Sarah를 본 장소는 바로 '학교'였다.

이런 식입니다. it was-that 사이에 강조하고 싶은 단어를 집어넣기만 해도 강조 구문이 완성됩니다. 이때 was라는 be동사의 과거를 사용한 것은 해당 문장이 과거시제이기 때문에 과거로 작성한 것입니다. 원래 문장이 현재라면 it is-that의 형태로 사용합니다.

자, 이제 하나만 추가로 익히면 강조 구문을 마스터하는 것입니다. 보통은 it-that 강조 구문으로 알려져 있어서 많은 분들이 that만 강조 구문에 사용이 가능한 것으로 알고 있지만, 실제로는 that 이외에도 바꾸어 쓸 수 있는 것들이 있습니다. 강조하는 것이 무엇인지에 따라서 의미에 맞게 적절한 단어들을 사용해줍니다. 물론 that은 어떤 경우에도 사용할 수 있습니다.

it is 사람 who
it is 사물 which
it is 시간, 때 when
it is 장소 where

[2014 국가직 9급 응용] It was the main entrance that she was looking for.
그녀가 찾고 있던 것은 중앙 출입구였다.

[2014 사회복지직 9급] It is not talent but passion that leads you to success.
당신을 성공으로 이끄는 것은 재능이 아니라 열정이다.

해리포터 시리즈 중 2002년도 작품 〈해리포터와 비밀의 방〉에는 다음과 같은 대사가 등장합니다.

"It is not our abilities that show what we truly are⋯ it is our choices."
"진짜 우리가 누구인지를 보여주는 것은 우리의 능력이 아니라⋯우리의 선택이다."

덤블도어 교수가 위와 같은 명대사를 남겼습니다. It is-that 강조 구문에 not 을 붙여서 우리의 선택이 중요함을 표현했죠. it-that 강조 구문은 일상에서도 자주 만나볼 수 있는 표현입니다.

 중간 정리

1. 조동사 do/does/did를 이용해서 동사를 강조할 수 있다.
2. it-that 강조구문을 이용해서 강조하고 싶은 내용을 강조할 수 있다.

이제 문법 여행을 마치려고 합니다. 단어의 8가지 성격인 8품사에서 시작해서 수 많은 문법 개념들을 익혔습니다. 앞으로 어떤 영어 공부를 하시더라도 기초가 될 수 있는 핵심 개념들은 모두 배웠습니다.

중요한 것은 복습을 하면서 이 개념들을 완전히 내 것으로 만드는 겁니다. 많은 것을 머리에 집어넣으려 하기 보다는 하나를 제대로 이해하는 방식으로 공부를 계속 해나가시기 바랍니다. 기초 문법을 확실하게 익힌 뒤에 다양한 문장들을 해석하는 연습을 하면, 문법이 완전히 내 것이 됩니다. 최종적으로 우리가 함께 배운 문법 개념들을 총 복습합니다.

단어가 태어나면 8품사 중 하나가 됩니다.

8품사는 성격에 따라서 S, V, O, C의 역할을 합니다.

S, V, O, C가 모여서 문장을 만듭니다.

문장에는 5가지 형식이 있습니다.

동사를 시제, 수동태, 조동사가 꾸며줍니다.

시제는 12시제가 있습니다.

수동태는 능동태의 반대말입니다.

조동사는 동사의 의미를 풍부하게 합니다.

동사를 이용한 문법은 to부정사, 동명사, 분사입니다.

to부정사는 동사를 명사, 형용사, 부사로 이용합니다.

동명사는 동사를 명사로 이용합니다.

분사는 동사를 형용사로 이용합니다.

관계사는 두 문장을 이어주는 접착제 역할을 합니다.

관계대명사는 뒤 문장의 명사를 빼고 관계대명사를 집어넣습니다.

관계부사는 뒤 문장의 부사를 빼고 관계부사를 집어넣습니다.

복합관계대명사는 명사절, 부사절의 역할을 합니다.

복합관계부사는 부사절의 역할을 합니다.

형용사, 부사는 비교급, 최상급을 만들 수 있습니다.

전치사는 명사/대명사 앞에 위치하는 말입니다.

접속사는 두 덩어리를 이어주는 역할을 합니다.

가정법은 현실의 반대를 가정해 보는 문법입니다.

가정법은 가정법 과거, 가정법 과거완료가 대표적입니다.

도치는 특정 성분이 앞으로 나오면서 주어와 동사의 순서가 바뀌는 겁니다.

강조는 do를 이용한 동사 강조, it-that 강조 구문이 있습니다.

이 책의 복습 방법은 책을 처음부터 다시 넘겨보면서 눈에 보이는 문장들을 해석하는 것입니다. 해석이 안 되는 문장이 발견되면, 해당 개념을 다시 복습하기 바랍니다.

이 책에서 익힌 기본 개념을 바탕으로 앞으로 자신 있게 영어 공부를 하시기 바랍니다. 여러분의 앞날을 진심으로 응원합니다.

이 책으로 영문법의 기초를 쌓으면,

공무원 영어 공부에 자신이 붙을 겁니다.

어떤 학원 강의나 교재도 이해가 되기 시작할 겁니다.

『10일 만에 마스터하는 공무원 영문법』
저자 심층 인터뷰

'저자 심층 인터뷰'는 이 책의 심층적 이해를 돕기 위해 편집자가 질문하고 저자
가 답하는 형식으로 구성한 것입니다.

Q 서점에 가보면 기존에 출간된 공무원 영문법 교재들이 많습니다. 『10일 만에 마스
터하는 공무원 영문법』이 가지는 차별점은 무엇인가요?

A 공무원 영어는 수능 영어와 비교했을 때 결코 더 쉽지 않고, 단어나 문법에
서는 더 어려운 면도 있습니다. 영어의 기초가 약한 분들은 혼자서 공무원
영어 시험을 준비하는 것이 부담스럽고 어려울 수밖에 없습니다. 그리고 시
중에는 공시생들을 위한 기초 영문법을 다룬 공무원 영어 책이 많지 않습
니다. 이 책은 학창 시절 영어가 어려웠던 분들을 위한 가장 쉬운 공무원 영
문법 책입니다.

Q 『10일 만에 마스터하는 공무원 영문법』을 100% 제대로 활용하기 위한 사용법을
알려주시기 바랍니다.

A 이 책은 술술 읽어 나가는 책입니다. 공부한다는 느낌보다는 소설책을 읽

는 느낌으로 쭉쭉 읽으면 됩니다. 책의 내용을 순서대로 읽다 보면 문법의 개념을 잡을 수 있습니다. 한 번 읽고 끝내지 말고, 여러 번 다시 읽을 것을 추천합니다.

Q 한 문제로 당락이 갈리는 공무원 영어 시험에서 영문법이 차지하는 비중은 어느 정도인가요?

A 공무원 영어 시험에 '문법'이라는 영역이 따로 있지만, 사실 영문법은 영어의 모든 영역과 연결되어 있습니다. 영문법을 알아야 '문장'을 해석할 수 있습니다. 공무원 시험의 모든 문제가 문장으로 제시되는 만큼, 문법을 알아야 그 문장들을 해석할 수 있고, 문제를 해결할 수 있습니다. 기초 영문법은 문장을 해석할 수 있는 방법을 배우는 것이기 때문에 공무원 시험을 준비하는 첫 단계이자 필수 단계라고 생각합니다.

Q 영문법을 짧고 굵게, 그러면서도 제대로 마스터하고 싶습니다. 특별한 비결이 있다면 알려주시기 바랍니다.

A 영문법은 가볍게 여러 번 반복하는 것이 효율적입니다. 하나의 문법에 매달리다 보면 전체적인 개념을 이해하지 못합니다. 빠르게 진도를 나가면서, 여러 번 반복을 하면 영문법의 기초를 가장 빠르고 확실하게 세울 수 있습니다.

Q 영어 문법의 기초가 워낙에 없는 사람들도 많습니다. 그런 사람들은 영어 문법 공부에 어떻게 접근해가야 하나요?

A 영문법에 자신 있는 성인 학습자는 거의 없을 겁니다. 영문법은 잘 가르치는 사람을 만나야 합니다. 강사가 영문법을 어떤 순서로, 어떤 설명으로 가르치냐에 따라 이해도는 큰 차이가 납니다. 기초가 없는 분들은 더욱 강좌

나 교재 선택을 잘 해야 합니다.

이 책으로 공부를 하는 분들이 목차의 순서대로 공부를 한다면, 차곡차곡 개념을 쌓아 나갈 수 있을 것입니다. 한 번에 문법을 정복하려는 마음보다는 전체적인 영문법의 큰 틀을 잡은 다음에 세부적인 내용을 채워나가는 식으로 공부를 하면 됩니다.

Q 문법 공부의 최종 목적은 문장 해석임을 명심하라고 하셨습니다. 어떤 의미인지 자세한 설명 부탁드립니다.

A 우리가 문법책이나 강의를 찾게 되는 이유는 영어 문장이 해석되지 않고, 그로 인해 문제가 풀리지 않기 때문입니다. 문법을 공부하다보면 문법 용어들이 쏟아져 나오는데, 그 용어들에 집중하게 되면 '문장 해석'이라는 원래의 목적을 놓치게 됩니다.

문법은 문장을 해석하기 위한 도구로 사용해야 합니다. 요리를 위해서 칼질을 배운다면 칼질이 아닌 요리에 집중을 해야 하는 원리와 비슷합니다. 칼질은 요리를 잘 하기 위한 수단이나 방법에 불과하죠.

Q 공무원 영문법 고득점을 위해 기출 문제에 관심을 가지라고 하셨습니다. 기출 문제에 어떻게 접근해야 하나요?

A 모든 시험에서 기출은 큰 의미가 있습니다. 시험의 성격을 가장 잘 드러내고 있는 것이 기출 문제들입니다. 시험 준비를 시작하면, 실력에 상관없이 기출 문제를 풀어봐야 합니다. 문제를 풀면 자신의 부족한 부분이 드러납니다. 그것을 시작점으로 삼아야 합니다. 자신이 자신의 부족한 부분을 알아야 공부 계획을 세울 수 있습니다. 공무원 영어는 단어·문법·독해 등으로 영역이 나누어져 있는 만큼 기출 문제를 풀어보고 자신의 부족한 부분을 찾는 것부터 시작해야 합니다.

Q 공무원 영문법 완전 정복을 위해 복습이 중요하다고 하셨습니다. 효율적인 영문법 복습 비결을 알려주시기 바랍니다.

A 영문법 복습 방법은 그 영문법을 활용한 영어 문장을 해석해보면 됩니다. 문장이 정확하게 해석된다는 것은 그 문법을 완전히 이해한 것입니다. 문법을 모르면 문장이 해석되지 않습니다. 따라서 문법을 복습할 때는 공부한 문법과 관련된 영어 문장을 스스로 해석해보는 방식으로 복습하길 바랍니다.

Q 체계적으로 공부하는 중급 혹은 고급 영문법과 공무원 시험을 위한 영문법은 다른가요? 만약 다르다면 어떻게 다른지 알고 싶습니다.

A 문법의 내용은 방대합니다. 주로 영문법은 시험에 활용이 되는데, 방대한 양의 영문법은 시험마다 다루는 범위가 다릅니다. 수능에서 다루는 영문법이 있고, 공무원 시험에서 다루는 영문법이 따로 있습니다. 공무원 시험을 준비한다면, 기출 문제를 중심으로 공무원 시험에서 특히 다뤄지는 영역을 집중적으로 공부해야 합니다.

Q 공무원 시험을 준비중인 사람들에게 영문법과 관련해 한마디 해주신다면 어떤 말씀을 해주고 싶으신가요?

A 공무원 시험은 합격을 해야만 공부가 끝나기 때문에 부담이 크다고 생각합니다. 지금 이 순간 공무원 시험을 준비하시는 모든 분이 길고 외로운 싸움을 하고 있을 텐데, 이 책이 공무원 시험 영어 과목을 준비하는 데 도움이 되기를 바랍니다. 앞서 말했듯이 기초 영문법은 모든 공무원 영어 시험의 기초가 됩니다. 학창 시절 놓쳤던 영어의 기초와 재미를 이 책을 통해 꼭 잡으시기 바랍니다.

독자 여러분의
소중한 원고를 기다립니다

★ 메이트북스는 독자 여러분의 소중한 원고를 기다리고 있습니다. 집필을 끝
냈거나 혹은 집필중인 원고가 있으신 분은 khg0109@hanmail.net으로 원고의 간
단한 기획의도와 개요, 연락처 등과 함께 보내주시면 최대한 빨리 검토한 후에
연락드리겠습니다. 머뭇거리지 마시고 언제라도 메이트북스의 문을 두드리시면
반갑게 맞이하겠습니다.